那須義定

中世の下野那須氏

岩田選書◉地域の中世19

岩田書院

那須義定『中世の下野那須氏』目次

那須与一と那須庄

はじめに

那須氏関係系図及び那須地方の伝承によれば、那須資清は平治の乱の合戦で討死し、その子の資房は乱後、それまでいた神田城（那須郡那珂川町）に住むことができなくなり甲斐国稲積庄に蟄居した。同地の鎮守稲積明神に本国帰参を祈願すると、明神のご加護か、永万元年（一一六五）平清盛の計らいをもって勅免を蒙り下野に無事帰ることができたという。この時、資房は下境村（那須烏山市）に居城を移し、稲積明神を勧請し鎮守とし、居城を稲積城と号したという。そして資房の子、資隆（那須与一の父）の代に、稲積城から神田城に、さらに高館城（大田原市）へと居城を換えている。これによりそれぞれの城の地元、那須烏山市（旧烏山町）・那珂川町（旧小川町）・大田原市（旧黒羽町）が那須与一の生誕地を主張し互いに譲らない状態が続いている。

那須与一の名は『平家物語』・『源平盛衰記』により著名である。しかしながら、那須与一と那須庄については関連史料が極めて少なく研究が困難であった。そのため、那須与一が存在せず伝説上の人物とする説もあった。本論は、そのような中にあって、那須与一と那須庄の実態に少しでも迫ることを目的としている。

那須氏略系図(8)

資清——資房——資隆——宗隆(宗高)（那須与一 後改資隆）

一　扇の的

「那須氏系図」によれば、資隆の子が宗隆であり、宗隆(宗高)は、『平家物語』巻十一の「那須与一」のところに、「下野国の住人、那須太郎資高が子に与一宗高」云々と書かれており、源義経の手に属し、文治元年(一一八五)二月、屋島の戦いで扇の的を射落したことで有名な人物である。

〔史料1〕(9)

又延尉義経、昨夜終夜、越下阿波国与二讃岐一之境中山上、今日辰剋、到二于屋嶋内裏之向浦一、焼二払牟礼、高松民屋一、依レ之、先帝令レ出二内裏一御、前内府又相二率一族等一浮二海上一、延尉(中略)相二具田代患者信綱、金子十郎家忠、同余一近則、伊勢三郎能盛等一、馳二向汀一、平家又棹レ船互発二矢石一

「平家又棹レ船」の部分は、平家また船に棹を立て、と読むべきであり、正しく那須与一の扇の的を記録したものと考えられる。(10)史実とすべきであろう。

『看聞御記』(11)に「船一艘女房一人(中略)乗レ之。船之舳前ニ扇ヲ立。那須与一射レ扇風情云々」とある。

『続本朝通鑑』(12)は、「那須与一宗高十七能射。如二飛鳥走獣一。無二射不レ中。義経即命二宗高一。射レ之。宗高固辞二譲之一。不レ許。宗高進二馬于渚一。平氏之軍士。連レ船見レ之。時海風揚レ波。扇揺翩翩不レ定宗高握レ弓。閉レ目黙禱少焉風定波静。宗高放二鏑矢一射レ之。矢鳴中レ扇。扇即碎飛浮二沈波間一。如二紅葉点レ水。平軍皆鼓レ舷揚レ声感二其射芸之精一。源兵各扣

レ鞍大悦」と記す。

また、『日本外史』[13]は「敵以二一舟一載二美姫一。挿二扇于レ竿。植二之舳一。去レ陸五十歩。麾而請レ射。義経曰。誰命二中之者一。衆薦二下野人那須宗高一。義経召而命レ之。宗高騎而独出。両軍注視。宗高一発断二扇轂一。扇翻而堕。両軍大呼」と記す。

なお、那須与一が扇の的を射た日については諸説がある。

二月十八日　『平家物語』
　　　　　　『那須系図説』[14]
二月十九日　『吾妻鏡』・『玉葉』[15]
二月二十日　『源平盛衰記』
　　　　　　『延慶本平家物語』
二月二十一日　『長門本平家物語』
　　　　　　『保暦間記』[16]

このうち『吾妻鏡』・『玉葉』の記載から、二月十九日が正しいものと考えられる。

栃木県那須郡那須町の那須温泉神社[17]の三之鳥居は、那須与一が奉献したものと伝えられている。那須与一の扇の的の場面は馬静止の騎射であるが、騎射術パルティアン・ショット（ペルシャン・ショット）の変形とみることもできよう。また宗隆（宗高）は、源平の合戦後「其感賞賜二五箇荘一所謂丹波国五賀荘、信州国角豆荘、若狭国東宮河原、武蔵国太田荘、備中国絵原荘也」とある[18]。絵原（岡山県井原市）に進出した那須氏を備中那須氏という[19]。

二　那須与一と那須庄

即成院は『拾芥抄』[20]に「伏見寺即成院」とある由緒ある寺である。正暦二年(九九一)に恵心僧都が開創した光明院が始まりで、そののち伏見長者と称された橘俊綱が伏見に山荘を営み、山荘の傍らに光明院を移して持仏堂としたという。[21]

伏見庄は、橘俊綱により開墾され起こされたという。その子の代に、権勢を頼まんがために、この土地を白河院に献上して本家と仰いだという。伏見庄は、これにより白河院御領となり皇室ゆかりの土地であったという。俊綱の子に子孫無く、持仏堂は白河院に伝わったという。[22] 俊綱の死後、伏見山荘は白河院に献上され、皇族に受け継がれ後白河院がこの地に伏見殿を築いたという。[23]

『雍州府志』[24]即成院の項に、「元暦元年正月、源義経平家追討日、那須与一宗高従レ之而訪二此寺一拝二仏像一、今度戦場無レ故而祈レ帰レ洛、遂於二西海一得二武勇之誉一、故私領内寄二幾許庄園一、改為二即成院一」とある。

『石山行程』[25]は、「則伏見橘俊綱ハ即成院ノ本願也、恐クハ俊綱ノ塔乎、古ヘ那須与一宗隆此ノ寺ノ本尊、弥陀ヲ尊崇シ、西海ニテ平家ヲ討チ国ニ帰ルノ日、那須庄ヲ斯ノ寺ニ寄ス、依レテ之直ニ宗隆カ塔トスル者乎」としている。即成院境内にある石塔は那須与一宗高の塔とされる。『山州名跡志』[26]に「宗高元ヨリ当院ノ本尊ヲ崇敬ス則出陣ノ時当院ニ詣シ於二テ仏前一ニ誓テ曰ク此ノ度於二テ西国一ニ一誉ヲ得セシメ玉へ。若シ爾バ当院ヲ可二シ再建一ト即仏前ノ幡ヲ採テ験ノ上ニ加テ。西海ニ趣ク果シテ扇ノ的ヲ射テ名ヲ天下ニ響ス是レ即チ本尊ノ加護也。遂ニ当院ヲ建立シ。所願成就ノ義ヲ以テ改メテ為二即成院一ト。兼テ又菩提ノ感果ヲ誓テ逆修[27]ノ石塔ヲ起立セリ」とある。

『即成院縁起』[28]も同様の説を伝える。

与一、伏見をたずね、光明院本堂に参詣し、弥陀三尊・三十七尊・二十五菩薩を拝見し、渇仰し、やや久しく念誦し、発願して言う、「南無帰命頂礼大慈大悲　弥陀善逝、今度東国より出陣の諸侍其数幾千万を知らず、その中に比類なき弓馬の名を得、末代に名を上ぐる利生を与え下したまえ。」それ八幡三所は、すなわち弥陀三尊にあり、かたじけなくも弓箭の守りに垂迹し、渇仰の首を護宿す、けだし本地の如来合掌の手に移るか。

祈誓し、仏前の幡を引き切りて甲冑に挿し、西国におもむく。この役の合戦の高名、あまつさえ海上の扇を射て、天下武勇無双の名誉をなすは、ひとえにこの本尊の利生なり。

私領の内三百町を寄進したてまつる。光明院を改め、光明山と成し、院号を即成院となすことしかるなり。その後、那須の郡に本寺を移して、弥陀三十七尊・二十五菩薩を造立し、即成院と号するものなり。

那須与一が即成院に那須庄を寄進したことは史実と考えられる。それは、『黒羽町誌』[29]に那須与一が勧請した即成院の記載からわかる。

〔史料2[30]〕

一　庁分

山城国下桂庄三位局	同国伏見
大和国雨師社	同国中村庄
同国慈光寺経時朝臣	同国平野庄
摂津国志宜寺卿二位家	同国溝杭庄

（中略）

一　雖有御領号不済年貢所々

相模国山内庄　　尾張国右大臣家

上野国拝志庄　　美作国一宮

一　女院別当三位家領

近江国忍海庄　　美濃国饗庭庄

周防国秋穂二嶋別当〔宮カ〕　　阿波国完咋庄

伊与国弓削嶋

新御領自㆓上西門院（統子内親王）㆒被㆑進㆑之、

山城国市辺庄　　同国松井庄

同国銭司庄　　河内国池田庄

（中略）

同国大榑庄　　下野国那須（那須郡）庄上庄下庄

（中略）

一　被充御祈願所御領

河内国富田庄　　加賀国北白江庄

近江国兵主社　　武蔵国賀勢庄

（中略）

一　御祈願所

竹林寺　　　　真如院

已上待賢門院（藤原璋子）御時奇進之、

諸仏護念院不断念仏所、依寺僧申状、上西門院御祈禱所、事貞応元年政善法印被補院主職云々、

任寿院覚成僧正寄進之、　　摂津国神雄寺能覚法印沙汰

飛太国袈裟寺寺僧寄進之、　　参川国平尾社藤原家平寄進之、

同国雉鯉鮒社

已上殷富門院（亮子内親王）御祈禱所

能登国石動山

伊豆国清湯走寺貞応三年八月十日沙彌蓮意・刑部丞大江業康等寄進之、

史料2によれば、宣陽門院の所領に「下野国那須庄上庄下庄」と見える。那須庄を含む「新御領、自二上西門院一被レ進レ之」とある。

那須与一が即成院に寄進した那須庄は、即成院が皇室ゆかりの寺であったことから皇室領となり、上西門院を経て宣陽門院の所領となったものと推定される。管見によれば、資清・資房・資隆の代における那須庄に関する那須氏関係の史料は存在しない。

那須庄の史料上の初見は、承久三年（一二二一）閏十月一日付けの「関東下知状案」[31]で、「那須上庄地□（頭カ）等訴申、為三長山尼申二給当庄預所一致二自由狼藉一之由事」と見える。

那須庄に関しては史料上の制約から、その実態は、ほとんど解明されていないのが実情であるが、那須庄の現地で

の管理は那須氏が担っていたものと考えられる。

三　宣陽門院と即成院

『山城名勝志』(32)の「伏見寺」の項に「後白河ノ院ノ皇女宣陽門院被レ寄二下野国那須ノ庄ヲ当寺一」とある。即成院への那須庄の寄進は、後白河院(33)の追悼の意が込められていたものと考えられる。宣陽門院は即成院の本尊を深く信仰していたと伝えられる(34)。

その後、宣陽門院は、元久二年(一二〇五)、二十四歳で突然御剃髪し、建長四年(一二五二)、七十二歳で亡くなるまで、仏教、特に真言宗に帰依したという。東寺の諸行事の仏供料として暦仁二年(一二三九)には伊予国弓削志島庄(35)を同寺に寄進したという。

『とはずかたり』(36)によれば、建治三年(一二七七)の時点で即成院に宣陽門院の墓があったことがわかる。また、『康富記』(37)嘉吉二年(一四四二)九月二十八日条に「即成院者、慶雲年中草創之寺也、宣陽門院有二御再興一云々」と、宣陽門院が即成院を再興したとの記載がある。即成院が宣陽門院の心の拠り所であったことを裏付けている。即成院は那須庄を介在として皇室と那須氏を結びつける重要な役割を果たしていたといえよう。

むすびに

『鎌倉松葉ヶ谷旧跡地名由来記』(38)によると鎌倉妙法寺は、那須与一の居館跡と伝える。

那須与一の人気は後世まで高く、宝暦十四年（一七六四）の『洞明神縁由』[39]によれば、那須与一が洞明神として烏山城下であがめられていたことがわかる。

また那須与一の六百五十回忌の法会を、来年の天保九年（一八三八）に行いたい旨の天保八年十二月の口上覚[40]が残されている。

那須与一の生涯は、昭和初期まで『那須与一霊和讃（写）』[41]として、那須地方で歌い継がれていた。栃木県では那須与一の顕彰会があり活動している。那須与一に関する弓道大会も行われている。現在でも、那須与一の人気は高いといえよう。

なお筆者は、医師で源義経研究家としても知られた美奈杜しづか先生の著書[42]により、大田原市の川田地区（那須氏の居城である高館城本丸近くの東堂山・与一堂〈千手観音堂〉）で那須与一の誕生日、旧暦の三月十七日にちなみ、四月の第二日曜日（本年、平成二十七年は四月十二日）に那須与一の生誕祭が行われていることを知り、参加することができた。

註

（1）『那須文書』（栃木県立博物館、一九八八年〈以下『那須』と略す〉）所収「那須系図3」、河野守弘『下野国誌』（一八五〇年）所収「那須系図」等。
（2）『山梨県の地名』（平凡社、一九九五年）二九〇頁参照。那須氏はこの地で小笠原氏の庇護を受けたものと考えられる。
（3）北原保雄・小川栄一編『延慶本平家物語』本文編上（勉誠出版、一九九〇年）。四（第二中）十「平家ノ使宮ノ御所ニ押寄事」に、「入道正国之ヲ聞テ大ニ驚テ、一門ノ人々、各周章騒テハセ集ル。（中略）関ヨリ東ノ侍ニハ、畠山庄司重能・小山田別当有重・宇都宮弥三郎朝綱、党ノ者ニハ、那須御房左衛門、是等ヲ始トシテ、平家ノ々（家）人従類等、其数ヲ不知ハセ集ケリ」と見える。平清盛の計は、那須御房左衛門の取り成しによるのであろうか。

（4）『烏山町史』（烏山町史編集委員会、一九七八年）九三二頁参照。

（5）高橋貞一校注『平家物語』（講談社、一九七二年）、『四部合戦状本　平家物語』全三巻（汲古書院、一九六七年）、麻原美子・春田宣・松尾葦江編『屋代本・高野本対照平家物語』一～三（新典社、一九九〇～九三年）、梶原正昭校注『平家物語』（桜楓社、一九八四年）、兵藤裕己編『平家物語・語りと原態』日本文学研究資料新集七（有精堂出版、一九八七年）、『平家物語　長門本』（国書刊行会、一九〇六年）、北原保雄・小川栄一編『延慶本平家物語』本文編上・下（勉誠出版、一九九〇年）、『平家物語図会』（国立国会図書館デジタルコレクション『日本歴史図会』第四輯）等。

なお、『平家物語』の他に那須与一関係の史料として、『前賢故実』（国立国会図書館所蔵）がある。国立公文書館に『那須与一』（請求番号二〇四‐一二〇）、『なすの与一』（請求番号二〇四‐一八）、『扇之記』『那須与一所蔵旗図』、『頼朝公富士野裾野御巻狩日記実録』が所蔵されている。また、東京大学史料編纂所に『三代物語』上が所蔵されている。他に、塚本哲三編『狂言記』（有朋堂書店、一九二六年）に「那須の与一」がある。

（6）水原一〈考定〉新定『源平盛衰記』第五巻（新人物往来社、一九九一年）、市古貞治・大曾根章介・久保田淳・松尾葦江校注『源平盛衰記』一（三弥井書店、一九九一年）、『源平盛衰記図会』（国立国会図書館デジタルコレクション『日本歴史図会』第五輯）。

（7）益子孝治『那須与一』（大田原風土記会、一九八九年）、山本隆志編『那須与一伝承の誕生』（ミネルヴァ書房、二〇一二年）等。

（8）『那須』所収「那須系図1」。

（9）『吾妻鏡』（『新訂増補　国史大系』第三二巻）。なお、史料の傍線は筆者による加筆である（以下同じ）。

(10)　長内光弘「吾妻鏡に見る屋島の戦いについて―那須与一の扇の的の記事についての考察―」(『季刊ぐんしょ』再刊第二〇号〈第五七号〉、一九九三年)。
(11)　『看聞御記』(『続群書類従』補遺二)応永二十三年三月一日条。
(12)　『続本朝通鑑』(国立公文書館所蔵)。
(13)　頼襄子成著、久保天随訂『重訂　日本外史　全』(博文館、一九〇八年)。
(14)　「那須系図説(写)」(栃木県那須烏山市天性寺所蔵)。
(15)　『玉葉』三(国書刊行会、一九〇七年)。
(16)　『保暦間記』(『群書類従』第二六輯)。
(17)　那須温泉神社の創立は六三〇年といわれており、神社の歴史は那須温泉の歴史につながる。那須温泉の史料上の初見は、正倉院文書「駿河国正税帳」である。天平十年に小野朝臣が従者一二人を伴って那須温泉へ向かう記載がある。那須温泉神社の史料上の初見は『日本三代実録』貞観五年十月の条で、神位の昇位に関する記載がある(『那須温泉史』那須町教育委員会、二〇〇五年、六四頁参照)。
(18)　註(8)と同じ。
(19)　那須与一宗隆(宗高)が源平屋島の合戦で扇の的を射た功にちなんで五箇の庄を賜ったという。そのうちの一つが備中国荏原(絵原)庄である。
『岡山県の地名』(平凡社、一九八八年)によれば、荏原庄について、「源平合戦後、那須氏が地頭として入部したとの伝承がある」(八三八頁参照)としている。また、荏原郷については「荏原郷は屋島合戦で扇の的を射た那須与一の勧賞五地の一つといわれ、那須氏一族が伝領している。建長三年銘の現笠岡市持宝院の梵鐘には、井原市野上にあった頂見寺に肥前三郎藤原資泰が大檀那として寄進した旨が刻されるが、資泰は那須氏の一族といわれるなど、鎌倉・室町時代には同氏が当郡の有力国人であったと考えられる」（同八三〇頁参照）としている。

『走出薬師　持宝院の歴史と文化財』（持宝院、一九九四年）によれば、岡山県笠岡市走出の持宝院に残る梵鐘の銘に「頂見寺建長三年辛亥三月二十二日大檀那肥前三郎藤原資泰朝臣、勧進聖阿闍梨有兼」とある。

『愛媛県の地名』（平凡社、一九八〇年）によれば、正和五年閏十月、那須五郎入道なる者が弓削島庄預所代官職を得て、二年後の文保二年十月弁房に替わるまで勤めており、那須五郎は備中那須氏の一族と思われるとある（二三七頁参照）。

　また次の関連史料が知られる。

「東寺百合文書な」蓮願伊予弓削島庄預所職任料請文（『鎌倉遺文』古文書編、文書番号二五九八六号）、「同な」蓮願那須五郎入道請文案（二五九九七号）・「同フ」蓮願那須五郎入道請文案（二五九九八号）、「同マ」道意挙状案（二五九九九号）・「同レ」伊予護念寺長老書状（二六〇〇〇号）・「同ハ」承誉申状（二八六五〇号）。

『太平記』二（『新日本古典文学大系』三五、岩波書店、一九六一年）に記された「備中ノ那須五郎」は那須五郎入道の子息と考えられる。

那須孫五郎の名が「華頂要略門主伝補遺所収」室町幕府引付頭人奉書写（『南北朝遺文中国四国編』第二巻、東京堂出版、一九八九年、文書番号一七八二号）に見える。

その後の備中那須氏については「那須資清覚書」「田村大宮司家文書」一六六号（『筥崎宮史料』筥崎宮、一九七〇年）の中にも見える。

（20）『拾介抄』東京大学史料編纂所マイクロフィルム（請求記号0106-1-5）。

(21)『京都市の地名』（平凡社、一九七九年）三八三頁参照。

(22)八代国治『国史叢説』（吉川弘文館、一九二五年）。

(23)『角川日本地名大辞典』二六　京都府下巻（角川書店、一九八二年）三七八頁参照。

(24)『雍州府志』（『続々群書類従』第八巻）。

(25)『石山行程』（黒川道祐『近畿游覧誌稿』〈国立国会図書館、請求記号YDM25407　マイクロフィッシュ〉所収）。

(26)『山州名跡志』（『増補京都叢書』第一九巻、京都叢書刊行会、一九四〇年）。

(27)逆修後の那須与一については、拙著『天の弓　那須与一』（叢文社、一九九三年）・『華の弓　那須与一』（叢文社、一九九八年）をご参照いただきたい。

(28)『即成院縁起』（『松雲公採集遺編類纂』第十四巻〈金沢市立図書館所蔵〉所収）、「那須与一宗隆（高）即成院往生由来」（栃木県矢板市沢観音寺所蔵）。

(29)『黒羽町誌』九〇八頁参照。修験光明寺の項に「那須与一宗隆（宗高）は、源義経の配下にあって屋島の戦いに出陣するに当り、山城国伏見にある光明山即成院に参籠して、阿弥陀仏に武運の長久を祈願した。扇の的を射落して武名を天下に響かせることができたので、帰国後の文治二年粟野宿（黒羽町余瀬）のこの地に阿弥陀仏を勧請して、伏見の即成院の名をとり、即成山光明寺を建立した。その後光明寺は廃絶したが、永正のころ、烏山城主那須資実が上洛した際、近江国大津において親交を結んだ天台宗の僧、無室なる者を伴って帰国し、先祖ゆかりの光明寺を再興した」とある。

(30)「島田文書」一号、宣陽門院覲子内親王所領目録（『栃木県史』史料編・中世四、栃木県史編さん委員会、一九七九年〈以下『栃木』中世四と略す〉）。

(31)「金沢文庫古文書」一四号、関東下知状案（『栃木県史』史料編・中世三、栃木県史編さん委員会、一九七八年〈以下

『栃木』中世三と略す〉)。年未詳として、「金沢文庫古文書」一二号、某書状断簡(『栃木』中世三)がある。

以下、年代順に那須庄関連の史料を示す。

東京国立博物館蔵、銅造阿弥陀三尊像(『造像銘記集成』東京堂出版、一九八五年、三一六頁)に次の銘文がある。

下野国那須御庄内東与世村
善光寺如来一光三尊　于時建長第六甲寅歳正月廿日　勧進上人西忍生年廿七
奉安置之依夢想之告鋳摸之

(両脇侍背面鐫銘)

生年
建長六年歳次甲寅正月廿日　鋳移勧進西忍
廿七

文永四年の年紀のある善光寺式阿弥陀三尊と呼ばれる形式に属する専称寺本尊の金銅阿弥陀如来立像(国指定重要文化財、彫刻)の背銘に「下野国北条郡那須庄伊王野郷」とある(『那須町誌』前編、那須町誌編さん委員会、一九七六年、四九四頁参照)。

「結城古文書写」北畠顕家下文案(『白河市史』第五巻古代・中世　資料編2、福島県白河市、一九九一年〈以下『白河』と略す〉一一六号)、「結城神社所蔵文書」那須資宿譲状(『白河』三六一号)に「那須上庄小川郷内梅薗村」とある。

下野新熊野神社鰐口(下野正福寺所蔵)に次の銘文がある(『大日本史料』第七編之四、二七五頁)。

敬白新熊野鰐口、下野那須上庄伊王野丹渡(ママ)度、
大願栄(主脱カ)尊

大檀那熊窪八郎、大工彦太郎、応永六年己卯九月日、

「米良文書」一八号、某山城等願文（『栃木』中世四）に「同州那須荘小河郷日溝　遠州（花押）」の記載がある。

「金剛寿院文書」二号、甚祐授甚勝印信（『栃木県史』史料編・中世一、栃木県史編さん委員会、一九七三年〈以下『栃木』中世一と略す〉）、「秋田藩家蔵文書八」一号、某盛頼充行状写（『栃木』中世三）に「上那須之於二福原一」の記載がある。

「金剛寿院文書」三号、賢真授尊勝附法状（『栃木』中世一）に「於下野那須下庄境金剛寿院授与了」とある。

『言継卿記』三巻（国書刊行会、一九一四年）、天文二十一年八月十五日条に「下野国那須庄温泉八幡住侶実済法印参内之望被レ申、中々不レ及二沙汰一之由返答之処」と見える。

那須郡では他に、固田庄、薭田・佐久山両御厨が知られる。

固田庄関連の史料としては、「太政官符案」（『箕面市史』史料編一、箕面市史編集委員会、一九六八年、一四二号）、「太政官符案」（「摂津勝尾寺文書」〈『鎌倉遺文』一二五三〇号〉）が知られる。

承久二年に「本領主藤原朝高」（那須与一宗高の兄、薭田九郎と称す）から伊勢神宮禰宜度会神主常生に寄進された薭田・佐久山両御厨関連の史料としては、豊受太神宮神主等解（「櫟木文書」〈『鎌倉遺文』二一三八五号〉）、「鏑矢伊勢方記」一（西垣晴次校、『東京学芸大学附属高校研究紀要』Ⅳ、一九六六年）がある。

(32)『山城名勝志』（『改定史籍集覧』第二十二冊、通記類）。

(33)那須氏と後白河院との関係を伝える寺として常円寺が著名である。関根顕英（「那須資房―常円寺について―」〈『下野の文化財』第六号、一九七二年〉）が参考になる。
常円寺　仏光山東照院常円寺沿革

一、開基　旧天台宗　不詳　後白河帝勅願所　建久元庚戌（一一九〇）年勅額を賜る。
二、開山　旧天台宗　照性法印成善阿闍梨（那須資房）
　　　　　浄土真宗　高田覚信房性証法師（佐竹義照）
三、年譜　文治四年、那須与一は父資隆一周忌法要を営む。
（後略）

ちなみに常円寺（那須郡那珂川町片平）は、那須与一宗隆（宗高）の位牌を安置している寺である。

(34)　註(28)に同じ。
(35)　鷲尾隆輝「宣陽門院と大師信仰の展開」（井上靖・塚本善隆監修『古寺巡礼　京都　①東寺』淡交社、一九七六年）。
(36)　『とはずがたり　たまきはる』（『新日本古典文学大系』五〇、三角洋一校注、岩波書店、一九九四年）。
(37)　『康富記』（『増補史料大成』第三七巻、臨川書店、一九八五年）。
(38)　『鎌倉松ヶ谷旧跡地名由来記』（鎌倉市妙法寺所蔵）。
(39)　『洞明神縁由』（栃木県那須烏山市天性寺所蔵）。
(40)　「口上覚」（栃木県那須烏山市天性寺所蔵）。
(41)　「那須与一霊和讃（写）」（下野国烏山町粕谷カノ、一九三一年筆）筆者所蔵。
(42)　美奈杜しづか『義経日記』２（那須町のみんなの店、二〇一一年）八七頁参照。

鎌倉期の那須氏

―那須御狩を中心として―

はじめに

『吾妻鏡』によれば、建久四年(一一九三)、那須太郎光助が那須御狩に際し、御野遊の準備のため、経営料として下野国北条内一村を拝領したこと、(1)及び御野遊中の源頼朝に駄餉を献じたことが(2)記されている。

那須氏は源頼朝の命により、地元の豪族として那須御狩の設営に全力で取り組んだものと思われる。那須氏は、その効により源頼朝から「白旗」(3)を預かり、現在も那須宗家に所蔵されていることからも、那須御狩は成功裡に終了したものと思われる。那須氏は鎌倉御家人としての地位を確立したといえよう。以後たびたび那須氏の名は『吾妻鏡』に見える。

那須御狩に頼朝に忠節を尽くした那須太郎光助に関しては、当然のことながら那須氏の系図に記されている。那須氏系図は系統の異なる数種類が知られている。那須氏系図は二系統に分類できるが、系統により那須太郎光助に関して全く異なる説明がなされている。どちらの系統の那須氏系図に信を置くべきかについて、検討してみたい。また、田代誠氏は那須氏系図に疑問を投げかけており、(4)江田郁夫氏は那須氏系図を信用できないものとして排除している。(5)那須氏系図は信用できないとして無視していいものかも、併せて検討してみたい。

一　那須御狩

前述のように『吾妻鏡』建久四年三月条に、那須太郎光助が那須野の御狩の経営料として下野国北条内一村を拝領したことが見える。翌月に那須野で巻狩が計画されており、源頼朝から那須太郎光助はその準備を命じられたのである。

三月十五日には、富士の裾野に頼朝が狩猟用に建てた藍沢の屋形が解体され、下野に運ばれることになった(6)。そして、二十一日には頼朝は、下野国那須野、信濃国三原等に向け出発している。かねて狩猟に熟練の者共が召し集められていた。弓矢の所持を認められたのは弓馬の達人で、頼朝が信頼する次の二二人のみで、これらの者の他は、たとえ万騎を統率する者でも弓箭を帯びることはゆるされず、踏馬衆となす由が定められた(7)。

江間四郎	武田五郎(武田信光)	加々美二郎(加々美長清)
里見太郎(里見義成)	小山七郎(小山朝光)	下河辺庄司(下河辺行平)
三浦左衛門尉(三浦義連)	和田左衛門尉(和田義盛)	千葉小太郎
榛谷四郎(榛谷重朝)	諏方大夫(諏方盛澄)	藤澤二郎(藤沢清親)
佐々木三郎(佐々木盛綱)	渋谷二郎(渋谷高重)	葛西兵衛尉(葛西清重)
望月太郎	梶原左衛門尉(梶原景季)	工藤小二郎(工藤行光)
新田四郎(新田忠常)	狩野介(狩野介宗茂)	宇佐美三郎(宇佐美祐茂)
土屋兵衛尉(土屋義清)		

四月二日には頼朝は、那須野に到着し狩場を視察している。前日の夜半から勢子が入っている。小山左衛門尉朝政・宇都宮左衛門尉朝綱・八田右衛門尉知家、各々一〇〇〇人の勢子を献上している。那須太郎光助は頼朝に駄餉を

献じている。(8)

弓矢の所持を認められた二二人の武将が引率した家来や勢子の数も多数あったであろう。さらに踏馬衆を加えると五〇〇〇人をはるかに上回っていたと考えられる。まさしく那須御狩の設営にあたった那須氏にとっては、その命運を賭けた一大事業であったといえよう。那須御狩は四月二十三日に終了し、藍沢の屋形はまた駿河国に運ばれることになった。(9)

那須御狩の期間は約三週間にわたる。狩は、奥州との国境の那須山麓から常陸国との国境辺にある那須烏山市まで場所を変えて行われたらしく、ゆえに那須地方のいたるところに那須御狩に関する伝承が残されている。(10)

源実朝が那須御狩を詠んだ次の歌は広く知られている。

もののふの　矢並つくろふ　籠手のうへに
霰たばしる、那須の篠原
（『金槐和歌集』の「柳営亜槐本」(11)）

他にも那須御狩は歌に詠まれている。(12)これらのことからも、那須御狩は広く世間に知られた出来事であったと言えよう。

また、下河辺行秀は那須御狩で、頼朝の幕下が殊なる射手を選んだ際、大鹿を射るように仰せられたが、大鹿が現れた時に当たらず、逐電している。この大鹿は、小山四郎左衛門尉朝政が射止めた。(13)

御狩には、武士の軍事訓練を図るとともに、頼朝の武威を天下に示す目的があったことはいうまでもない。さらに鎌倉御家人の働きぶりを頼朝自身の目で確認することも目的の一つであったと考えられる。源平の合戦において頼朝は鎌倉を動いていない。また、文治五年（一一八九）の奥州征討にさいしても、頼朝の本陣は、最前線から後方の安全が確保された地に置かれていたことであろう。

那須氏の本貫の地那須郡は奥州と境を接する軍事的要衝の地である。この点も頼朝がこの那須野で巻狩を行った理由に上げられよう。ともかく、那須御狩に功のあった那須氏は、鎌倉御家人としての地位をより強固にしていくのである。

二 『系図纂要』所収の那須系図

まず『系図纂要』所収の那須系図を掲げる。

資隆
├光隆
├泰隆
├幹隆
├久隆
├之隆
├実隆
├満隆
├義隆
├朝隆
└為隆

房子
宗隆（那須与市（一））—資之（実宗隆兄 本（元カ）之隆）—頼資（実宇都宮氏 資（之脱カ）女婿也）
光資—資村—資家—資忠

『続群書類従』所収の那須系図も同系統である。この系統の那須系図の特徴は二点ある。その一点は、那須宗隆（与一）の後、兄之隆を家督としその後継ぎを頼資とする。そして、頼資を宇都宮氏からの婿養子とする点である。二点目は頼資の子の光資をもって那須御狩の際に『吾妻鏡』に記された光助に比定している点にある。頼資は那須与一とほぼ同世代の人と思われる。那須与一が元暦二年（一一八五）扇の的を射たのは、十七歳の時といわれている。建久四年（一一九三）では二十五歳となる。光資はまだ生まれていない可能性が高い。仮に光資が生まれていたとしても幼少に違いない。光資を『吾妻鏡』の光助に比定することは誤りと考えられる。

三　『玉燭宝典』紙背文書所収の那須系図

尊経閣文庫所蔵の『玉燭宝典』紙背文書七ノ十一に、那須資忠が任官申請の添付資料として足利直義に差し出した系図が記録されていた[14]。

資隆（□〔那〕須太郎）—資頼（肥前守）—資光（肥前守）—資村（肥前守）—資家（加賀守）—資忠（越後権守）訴人

この系統の系図としては、金剛寿院（大田原市福原）所蔵の那須系図が知られる(15)。

『玉燭宝典』紙背文書所収の那須系図は、現在確認される最古の系図である。系図に最初に記された資隆は『平家物語』で著名な那須与一宗隆である。系図の作成者は那須資忠である。『園太暦』によれば、那須資忠は貞和三年（一三四七）十二月二十七日、北禅寺造営の功により安芸守に任官している(16)。したがってこの系図が作成されたのは貞和三年以前ということになる。資忠の項に「訴人」とあるのは嘆願者といった意味に解されよう。この時点で資忠は越後権守の官にあったようである。歴代先祖が肥前・加賀の守に任じられていたことを示し、国司任官を求めてのものと思われる。資忠の項に「越後権守」とあるは注目される。その後、資忠の孫資世及び資世の孫資之が越後守を称したのと関連があるものと考えられる。

『玉燭宝典』紙背文書所収の那須系図には、これ以外の説明がなされていない。しかし、同系図と金剛寿院所蔵の那須系図の人名が完全に一致している。金剛寿院所蔵の那須系図には各人の説明がなされている。

宗隆の項には兄弟一二人あり。太郎から与一まで一一人は母が同じ、異母弟に御房子がいたことが記されている。さらに「御房子継二惣領一、改二宗隆一号二資隆一」と注目すべき記載がある。

また資頼の項に「御房子肥前守（中略）頼朝御一字被下（中略）鎌倉預御幡泰衡御退治時也(17)、頼朝　御狩之時於当荘長倉構屋形献御膳」とある。

すなわちこの系統の系図は、与一の後継者を異母弟資頼とし、那須御狩の際の那須氏当主としている点にある。

那須隆氏所蔵の那須系図「房子」の項に「母者宇都宮女」とある。頼資（資頼）の項に「太郎肥前守初名光資（光助）」とある。那須御狩の時の那須氏当主を資頼（那須与一の異母弟）とすると年代的にも合致しており、後者の系統の那須系図の記載の方がより信憑性があるといえよう。『吾妻鏡』に記された那須御野遊中に源頼朝に駄餉を献じた那須太郎光助は、したがってこの資頼に比定できる。(18)建久五年(一一九四)十月、源頼朝は小山朝政の宅に下河辺・武田・結城・小笠原など一八人を召集し、弓馬故実について議させ意見を求めている。その中の一人に那須太郎光助の名がある。(19)

建久六年には、那須太郎が源頼朝の東大寺参詣に供奉している。(20)いずれも那須資頼に比定されよう。

なお『玉燭宝典』紙背文書所収那須系図に記された那須氏歴代の事蹟は、以下の史料でも確認することができる。

嘉禎三年(一二三七)、九条頼経の大慈寺丈六堂の供養臨席に那須左衛門太郎が供奉している。(21)

嘉禎四年、那須左衛門太郎が九条頼経の上洛に供奉している。(22)那須左衛門太郎は資頼の子資光に比定できよう。

建長二年(一二五〇)、那須肥前前司が閑院殿造営の雑事を課せられている。(23)

建長八年、奥大道に夜盗・強盗蜂起し、往来の旅人に煩いをなすに及び、路次に所領を持つ地頭・御家人二四人が警固を命じられている。小山出羽前司・宇都宮下野前司・葦(芦)野地頭・福原小太郎等とともに、那須肥前前司の名が見える。(24)那須肥前前司は資村に比定できよう。

建治元年(一二七五)五月、京都六条八幡宮の造営に協力した鎌倉幕府の地頭御家人を記した注文に、「那須人々十五貫」と記されていることから、(25)那須一族の繁栄が想起される。

元亨三年(一三二三)鎌倉円覚寺で執り行われて北条貞時十三年忌供養に、那須加賀入道が砂金五〇両・馬一疋・鹿毛を進上している。(26)那須加賀入道は那須資家に比定できよう。

このように、『玉燭宝典』紙背文書所収の那須系図は、那須氏歴代が他の史料からも確認できることから、極めて信頼の置けるものといえよう。

むすび に

源頼朝に那須御狩の設営を命じられた那須氏は、頼朝の厚い信頼を受けていたことが明らかになった。那須御狩の設営は那須氏の命運を賭けた大事業であり、それを成功させたことは那須氏の鎌倉御家人としての地位を確かなものとしたといえよう。また、『系図纂要』所収の那須系図よりも、『玉燭宝典』紙背文書所収の那須系図の方が信憑性が高く、那須氏歴代の事蹟を他の史料により確認できることから、信頼の置けるものであることがわかる。『吾妻鏡』に記された那須太郎光助は那須資頼に比定されよう。那須氏系図が信用できないとする説は首肯できない。那須氏系図は他の史料により確認をとりながら活用したならば、多くの研究上の示唆を与えてくれるものといえよう。

註

（1）『吾妻鏡』（『国史大系』本）建久四年三月九日条。

（2）『吾妻鏡』建久四年四月二日条。

（3）『集古十種』に那須家蔵白旗図の記載がある。「長一丈一尺一寸五分　幅二尺三寸八分」とある。現物は無地であるが血痕が付着しており、源平の合戦で使用されたものとの伝承がある。『吾妻鏡』文治五年七月八日条に、千葉常胤が頼朝の祖先頼義の旗の寸法に合わせて作られた軍旗一流の調進を命ぜられたことが以下のように見える。

その長さ、一丈二尺二幅なり。また白糸の縫物あり。上に云はく、伊勢大神宮、八幡大菩薩と云々。下に鳩二羽を縫ふ。これ奥州追討のためなり。

（4）田代誠「中世那須氏系図の検証」（『那須文化研究』第八号、那須文化研究会、一九九四年）。
（5）江田郁夫「持氏期の那須氏—持氏による下野支配の展開—」（『中世の地域社会と交流』吉川弘文館、一九九四年）。
（6）『吾妻鏡』建久四年三月十五日条。
（7）『吾妻鏡』建久四年三月二十一日条。
（8）『吾妻鏡』建久四年四月二日条
『曾我物語』に各武将が出した勢子の数と思われるものが記されている。和田左衛門一〇〇〇人・小山一〇〇〇人・武田五〇〇人・小笠原五〇〇人・渋谷五〇〇人・糟屋五〇〇人・土肥五〇〇人・岡崎五〇〇人・松田三〇〇人・河村三〇〇人、その他を入れて合計一〇万人。

『曾我物語』（真名本）にも各武将の出した勢子の数が記されている。和田左衛門義盛一〇〇〇人・畠山次郎重忠一〇〇〇人・宇津（都）宮左衛門朝綱一〇〇〇人・小山新左衛門重国一〇〇〇人・河越太郎重頼五〇〇人・稲毛三良重成五〇〇人・榛谷四郎重朝三〇〇人・江戸太郎重長五〇〇人・足立馬允遠基五〇〇人・金子十郎家忠三〇〇人・長野三郎重清三〇〇人・中条藤次家本一〇〇〇人・豊嶋太郎清基五〇〇人・千葉介常胤一〇〇〇人・長沼五郎宗政五〇〇人・佐貫四郎太夫五〇〇人・相馬中務三〇〇人・小野寺禅師太郎五〇〇人・結城七郎常政五〇〇人・八田四良武者知家五〇〇人・海野小太郎行氏三〇〇人・笠井（葛西）三郎清重五〇〇人。その他、大胡・大室・深栖・山上・新田・鳥山・佐野・苑田・矢木・風早の人々、あるいは一〇〇人、二〇〇人、あるいは五〇人、三〇人思い思い心々に勢子を奉り、その数は五、六万人にも達したとある。
（9）『吾妻鏡』建久四年四月二十三日条。
（10）那須御狩に関する伝説には、以下のようなものがある。

・十六竈（那須塩原市）――東小屋に宿れる夫卒に給する飯米を炊いた所。大字沓掛にその跡がある。
・長倉（大田原市北金丸字長倉）――藍沢の屋形が構えられた所と伝わり、地元の古老の話ではかつて土塁があったという。『那須郡誌』（蓮実長著、一九四八年）にも見える。
・烏ヶ森（那須塩原市）――那須御狩の際、展望所として当てられたと言い伝えている。
・木幡神社（矢板市）――那須野ヶ原の狩に際し、源頼朝の愛犬が狂犬となり、これを癒して功ありと伝える。
・石上神社（矢板市大槻）――那須野ヶ原に頼朝が狩する時、一条権守勝膳が当地に陣をはった。その時に本社に祈願したという。
・野間の仮御殿――『創垂可継』（文化十四年、大関増業編）に「野間村武兵衛此の者屋敷の内に建久四年四月頼朝公那須御狩の時仮御殿建てしと云伝え、中に五間四方に塚を築き其の上に小さく宮を安置す」と見える。
・鎌倉山――那須郡烏山町（那須烏山市）と芳賀郡茂木町の境にある山である。その下を那珂川が蛇行して流れている。頂上からの眺望はすぐれており、那須御狩の際に展望所として当てられたと推定される。「那須氏系図」（那須隆氏蔵）の頼資（資頼）の項に「頼朝卿那須野狩猟之時、於当荘長倉構屋形献御膳為褒賞、諱字且被預白旗家可為一旗長之命因茲改長倉山鎌倉山」と見える。
・大将小屋――烏山町（那須烏山市）にある。『那須拾遺記』（享保十八年、木曾武元著）に「大崖山の辰巳にあり、此の東の洞に鎌倉郷渡あり、此の大将小屋は、右大将頼朝公、那須野へ御狩の時、暫らく御座ありし所といふ」と見える。
・鎌倉郷渡――『那須拾遺記』に「大崖山の東にあり、狩の時鎌倉大名衆休息し給ふ所といふ、扨も大崖山続きの山々は、景ある名山なり、草香峰、獅子ヶ嶺に鷹狩場、中丸峯、とげ石山、寺崎山などあつて、玲瓏たる名山景山なり」と見える。

(11) 室町幕府八代将軍足利義政撰か。

(12) 那須御狩を詠んだ歌。

信実朝臣

道おほき　那須の御狩の矢さけびに

のかれぬ鹿の　声ぞきこゆる

(『夫木集』)

権　僧正

狩人の　弓末ふりたてちかへども

笠はたみえぬ　那須の高かや

(『夫木集』)

藤原親朝

さお鹿の　山路にかへる路なれや

那須野の原の　露のむら消え

(『新和歌集』)

(13) 『吾妻鏡』天福元年五月二十七日条。

(14) 今江広道編『前田本『玉燭宝典』紙背文書とその研究』(続群書類従完成会、二〇〇二年)の中の那須系図に関して、今泉徹氏は同書に納められた論文「前田本『玉燭宝典』紙背文書所収系図に関する史料科学的考察」の中で同族あるいは所職の相伝に関する訴訟の具書として直義に提出された系図であるとの見解を示している。那須資忠は那須氏の当主であり、惣領や所領について幕府に訴訟を提起しなくても独自の判断で処理できる立場にあったと思われる。また、那須氏内部でこの時期に争乱があったことを示す史料も見られないことから、この説は首肯できない。本郷恵子氏は『中世人の経済感覚』(日本放送出版協会、二〇〇四年)で、那須氏系図を任官申請の添付資料として提出されたものとしている。那須資忠は貞和三年十二月二十七日「北禅寺造営功」により安芸守に任官している(『園太暦』)。小生も任官申請の説を支持したい。

(15)「那須系図」(『栃木県史』史料編・中世四(栃木県史編さん委員会、一九七九年)。

(16)『大日本史料』第六編之十一、貞和三年十二月二十七日条。『園太暦』六四頁。

(17)この点については、那須隆氏蔵の「那須系図」に、「那須御狩の功により白旗を預かる」とした記載と見解を異にしている。後考を俟ちたい。今回は那須隆氏所蔵系図の説に従っておく。

(18)『吾妻鏡』建久四年四月二日条。

(19)『吾妻鏡』建久五年十月九日条。

(20)『吾妻鏡』建久六年三月十日条。

(21)『吾妻鏡』嘉禎三年六月二十三日。

(22)『吾妻鏡』嘉禎四年二月十七日。

(23)『吾妻鏡』建長二年三月一日条。

(24)『吾妻鏡』建長八年六月二日条。

(25)「六条八幡宮造営用途注文」(「国立歴史民俗博物館所蔵文書」、『北区史』資料編古代中世1、一九号、東京都北区、一九九四年)。

(26)『北条貞時十三年忌供養記　円覚寺文書』(『神奈川県史』資料編2古代・中世(2)、神奈川県県民部県史編集室、一九七三年、第一三六四号)。同文書の諸方進物到来次第の項に白河上野前司・小山下野前司・那須加賀入道ら一八二人の名が見える。

南北朝期の那須氏

―本宗那須氏と伊王野氏の関係を中心として―

はじめに

那須与一は、那須の地から源義経に付き従い源平の合戦に出陣していったと伝承され、那須地方では郷土が誇る人物とされている。那須与一の子孫として知られる那須氏は、南北朝期までに、本宗那須氏から十数氏の諸氏に分かれた。すなわち、与一の兄弟から森田氏[1]・佐久山氏・芋淵氏・福原氏[2]・滝田氏・沢村氏・堅田氏・稗田氏[3]・戸福寺氏(千本氏)、資頼の子孫からは伊王野氏・荏原氏(備中那須氏)[4]・味岡氏・稲沢氏・川田氏、資忠の子孫からは芦野氏、資藤の子孫からは金丸氏・大久保氏が分立している。しかし南北朝期の那須氏に関する研究は多いとはいえない[5]。

文書の伝来から伊王野氏が注目されるが、伊王野氏と本宗那須氏の関係が曖昧なままであるため、その動向を整理する必要がある。一時期、伊王野氏が那須氏を称したため、伊王野氏と本宗那須氏が混同されやすく、史実の解明が遅れていた。研究者の間でも説が分かれている。

たとえば本論でも触れている、建武二年(一三三五)八月十日足利尊氏御判御教書[6]を、山本隆志氏は本宗那須氏関係の文書とし[7]、江田郁夫氏は伊王野氏関係文書としている[8]。那須資長は資頼の次男であり[9]、資長の子孫の伝えた文書は本宗那須氏の文書ではありえない。江田氏の伊王野氏関連の文書とする説は首肯できる。しかしながら江田氏は、伊王野氏を那須伊王野氏ととらえており、本宗那須氏と伊王野氏の関係が曖昧なままである。資長の子孫は下野本国の伊王野氏と奥州那須氏とに分かれる。その後、奥州那須氏は伊王野氏の所領を継承し本国に帰参し、子孫は伊王野氏を名乗る。前記の文書はこの一族に伝来したものなのである。

本論は、惣領制が崩壊していく過程の中で、本宗那須氏とその庶家である伊王野氏を具体的に考察し、その関係を明らかにしようとする試みである。第一節では、足利尊氏挙兵後、観応の擾乱に到るまでの本宗那須氏の動向について、第二節では、奥州那須氏出身で伊王野氏を継ぐこととなった資宿の動向について、第三節では、京都東寺合戦での那須一族について、第四節では鎌倉府内での那須一族の地位について検討する。

一　本宗那須氏と尊氏挙兵、観応の擾乱

元弘元年(一三三一)、鎌倉幕府の倒幕を目指す後醍醐天皇が山城の笠置山に潜行し畿内の武士をつのり、楠木正成が赤坂城に挙兵した、いわゆる元弘の乱に際し、本宗那須氏は大仏貞直・足利尊氏に従い幕府方として参戦している。(10)建武政権下では、北畠顕家が建武二年(一三三五)十二月、陸奥国の武士を引率して上洛し、翌延元元年(一三三六・建武三)一月に京都を奪還、同年三月鎮守府大将軍として再び陸奥国に下向する。顕家の下向の途中、足利方に与して那須口を死守し奥州への通路を塞いでいた本宗那須氏が、奥州南朝方の相馬胤平に攻められる事件が起きている。

〔史料1〕(11)

合戦目安

相馬六郎左衛門尉胤平中合戦事、

右、（中略）、同月（四）廿四日、御下向之由承及候之間、宇都宮馳参候、同五月一日、足利為二凶徒対治一馳向天、御敵送落候畢、同月八日名須城自二搦手一押寄、捨レ于二身命一合戦之間、下館送落、致二合戦忠節一之処仁、同十日胤平左肩被二射抜一候訖、此段被二御疵見一候畢、同月廿二日田村館、同廿三日不軽堂城一族相副天、軍勢差向候畢、（中略）彼此度々合戦令二忠節一候之上者、為レ賜二御判一、合戦目安之状如レ件、

延元々年[12]八月廿六日

検知了（花押）（広橋経泰）

史料1の「下館」とは、那須下庄の稲積城を指すと考えられる。当時は、稲積城が「下館」と通称されていたようで、稲積城内の小字名に「下館」の地名も残されている[13]。史料1に「下館送落、致二合戦忠節一」とあるように、本宗那須氏は那須城では防ぎきれず那須下庄の稲積城まで後退している。北畠顕家は後醍醐天皇の綸旨を受け、延元二年に再度の上洛を決意し、奥羽の武士をともない鎌倉に入った。延元二年段階の那須一族福原氏も、本宗那須氏とともに足利方に与していたことが認められる[14]。北畠顕家の上洛軍に従軍中の結城宗広が子の親朝に宛てた書状に、「福原凶徒対治無益候哉、依上道ハ、何にもしてあけらるへし歟」とある[15]。

顕家は延元三年（一三三八・暦応元）鎌倉より東海道を攻め上り各地に転戦したが、形勢奮わず泉州にて足利方高師直と戦い討死した[16]。

顕家の戦死後の南朝方は奮わず、足利方の勢力が優勢であった[17]。後醍醐天皇は東国における南朝方の勢力の回復を図り、延元三年、顕家の弟顕信を陸奥介鎮守府将軍とし、北畠親房・結城宗広等とともに義良親王を奉じ奥州に下向させることとした[18]。義良親王らは海路の途中暴風に遭遇し伊勢に吹き返された[19]。義良親王は翌延元四年吉野に還り、即位し後村上天皇となった[20]。北畠親房は、延元三年九月、常陸上陸に成功し[21]、打開策を模索すべく関東の小田氏・関

氏らを頼りに常陸の小田城（現筑波市）に入った[22]。そして奥羽と関東の反足利方の武将を勧誘している[23]。なかでも南朝方の有力武将結城宗広の子親朝に対して、七〇通にものぼる書状[24]を送り勧誘したが、親朝は動かなかった[25]。関連文書から延元三年当時の本宗那須氏の動静をみてみたい。

〔史料2[26]〕

（親房）（花押）

去六日状、今日十一日、到来畢、

一御船、無為令レ著二勢州一給候条、聖運之至候、禅心被レ申二音信一候、殊目出候、
一当国静謐事候、先日重被レ仰畢、相構急速、可レ被レ致二沙汰一候、
一石川一族等、可レ参之由、令レ申哉覧、神妙候、所詮有二其勇一之様、可レ被二計談一、随二注進一、可レ有二沙汰一候、本領安堵不レ可レ有二子細一、有二殊功一者、可レ被レ加二其賞一候也、
一葛西清貞兄弟以下一族、随分致レ忠之由、令レ申間、度々被二感仰一畢、
一坂東静謐事、於二此方一、粗雖レ被レ廻二計略一、無（不脱カ）二左右一事行候、先被レ対二治奥州・羽州一次第、可レ有二沙汰一之処、大将無二御下向一候、難二事行一候由、葛西令レ申候、国司以下御下向、猶令二遅々一者、先可レ有二御下向一候、至二白川之路次一、難儀候歟、一途可レ被二計申一候、那須城可レ有二対治一之由、有二披露一、被レ召二軍勢一、自二此方一押合、御下向候者、不レ可レ有二子細一候哉、且可レ被二計申一候、此事、葛西殊急申候、非レ無二其謂一候歟、
一田村庄司一族中、少々違変之由聞候、何様候哉、相構先可レ被二誘試一候、
一小山安芸権守・同長門権守等、致レ忠之条神妙候、仍被レ成二御教書一、条々伺二御下向一間事、相構廻二思案一、急速可レ被二計申一候由、内々所レ候也、恐々謹言、

延元三年十一月十一日　　沙弥宗心

結城（親朝）大蔵権大輔殿
御返事

史料2は最初に、伊勢から東国を目指す途中、暴風にあい伊勢に吹き返された結城宗広の無事が親房のもとに届いたことを喜んでおり、葛西清貞が親房に対し奥州南朝方の大将として奥州に下向することをすすめていたことがわかる。また、親房が「那須城可レ有二対治一之由」と那須城攻撃を親朝に要請していることは注目される。関東・奥羽の境界に当たる那須・八溝の山岳を利用し那須道（関街道）[27]を勢力下におく本宗那須氏の存在は、南朝方にとって大きな障壁になっていたことが知られる。関東・奥羽の南朝方の主要な連絡路は、那須・白河を結ぶ那須道と、常陸から久慈川沿岸を通って北上する依上道と、海岸沿いを北上する東海道であった。とりわけ那須道と依上道が重視されていた。

暦応二年（一三三九）関東執事として関東に下向した高師冬は、南朝方の制圧に力を入れ、暦応四年には北畠親房を常陸小田城から関城に追うなど、南朝方の情勢はますます厳しくなっていった。足利方に与していた本宗那須氏は南朝方の攻撃目標となっていた。延元四年（暦応二）三月二十日、親房は親朝に、東海道か那須道を通って南朝方への出陣を要請している[28]。ここでも、佐竹氏・本宗那須氏の制圧が求められており、南朝方にとり本宗那須氏は極めて目障りな存在であったことが知られる。興国元年（一三四〇・暦応三）の親房書状[29]には「東海道より那須辺の対治事、両様之間、一事沙汰候者、坂東静謐無レ疑歟」と、本宗那須氏の動向を気にしている様子が窺え、本宗那須氏の制圧が求められている。

北畠親房の興国元年五月十六日付けの南奥結城親朝宛御教書[30]に「官途所望輩事、不レ可レ有二子細一候、那須一族高長、先被レ任二兵衛尉一候、御感御教書、同被二成遣一候也」とあり、本宗那須氏の統制を脱して、南朝方に与した一族がいたことが確認できる。そこで南朝方は、那須一族の切り崩しをはかったものと思われる。なお、那須高長は、結城親朝が足利方の誘いを受けて応じた際に注進された国人の交名目録にもその名が見られ(31)、本宗那須氏の惣領制に綻びを確認できる。

北畠親房・顕信が最後の頼みとした結城親朝はついに動かず、逆に足利方として挙兵したことにより、東国における南北朝の対立は一応決着をみることになった。興国四年(一三四三・康永二)十一月、南朝方として最後まで奮闘した常陸の関城・大宝城は落城し、関城主の関宗祐と大宝城主の下妻政泰の両将は討死した。北畠親房は関城を脱出し、吉野に帰還した。

〔史料3〕(32)

(尊氏)
(花押)

岡本卿房良円申、

右去年自二京都一令二供奉一之処、於二駿河国手越宿一、可レ遂二東国御使節一之由被二仰下一之間、同十二月三日、立二手越宿一通二御敵等中一、就レ令二催促一、小山・宇都宮、即馳参之間、自レ其罷二下常陸国一、相二催佐竹上総入道一取二請文一、又罷二越那須・白川一、令二催促一之処、那須安芸守者不レ能二請文一、白川弾正少弼者申二御請一間、令二帰参一候之条、忠節無二其隠一之上者、賜二御判一為レ備二末代武勇亀鏡一、恐々言上如レ件、

観応三年卯月十三日

ここにみれるように、観応の擾乱に足利尊氏に供奉して関東に入った岡本良円は「去年(観応二年〈一三五一〉)自二京都一令二供奉一之処」と尊氏方の使節としての行状を述べ、関東に入り小山氏・宇都宮氏・佐竹上総入道・那須安芸

守・白川弾正少弼に催促したが小山・宇都宮は「馳参」、佐竹上総入道貞義については「取二請文一」、白川弾正少弼顕朝は「御請」した。しかるに那須安芸守資忠の同意はなかったという。この時、資忠は尊氏に距離をおいている(33)。

観応三年正月、尊氏は直義と和して鎌倉に入るが、その直後、直義は急死する。閏二月、上野の南朝方新田義宗、旧直義派の上杉憲顕らの反尊氏勢力は、一時鎌倉を占領するが、尊氏が武蔵野の合戦で反尊氏勢を破った時は(34)、資忠の嫡男那須遠江守資旨は那須の軍勢を引率して、武蔵久米川にて尊氏の陣営に馳せ加わり戦功に励んだという(35)。だが資旨は父より先に世を去ってしまう(36)。資旨が若死にしたことから、資忠は備中荏原庄に派遣していた備前守資藤を那須に呼び寄せ、本宗那須氏当主としたものと考えられる(37)。

二　奥州管領と伊王野氏

伊王野の地に分知された那須資頼の次男資長は、伊王野左衛門尉と称し伊王野氏の祖になったという(38)。伊王野郷は、奥州と関東の境目である白河関を越えて南下する奥州勢を迎え撃つ交通・軍事・政治上の重要な位置にあり、この地を領する伊王野氏は、本宗那須氏の北の守りの役割を担っていた。「伊王野氏系図(39)」資長の項に「資頼次男、分地五千町、室小山四郎秀直娘、専称寺建立」とある。

中先代の乱に際し建武二年（一三三五）八月、資長の子孫の資宿は足利尊氏から軍勢催促を受け(40)、陸奥国宮城郡から出陣したものと思われる。同年十一月にも「可レ被レ誅二伐新田右衛門佐義貞一也、相二催一族一可二馳参一之状如レ件」と、足利直義から軍勢催促が発せられている(41)。

奥州管領として貞和元年（一三四五）に奥州に下向した畠山国氏と吉良貞家は、観応の擾乱によって分裂、観応二年

（一三五一）直義党の貞家が尊氏党の国氏と戦いこれを倒している。貞家は同年十一月、奥州管領の分裂を利用して勢力を回復させた南朝方の北畠顕信に多賀城（国府）を追われた。翌観応三年閏二月末から三月中旬にかけて、貞家の弟の吉良貞経は、名取郡から南朝方の占拠する宮城郡の多賀国府を攻め、多賀城を奪回する。(42)さらに、貞経はその隣接諸郡の南朝方の掃討作戦を行い、貞家が率いる幕府軍の奥州南朝方本拠地の壊滅作戦を支援した。

その後、文和二年（一三五三）四月二十九日、那須資宿代大塩宗広着到状(43)によると、文和二年四月末までには、宮城郡の那須氏は貞経に付き従い、顕信が籠城した南朝方の牙城田村庄埋峯城（福島県須賀川市・郡山市）攻撃に参加した。(44)埋峯城は陥落し、顕信は出羽に逃れ、奥州においても足利方の支配権が確立した。(45)関連文書として観応三年九月二十日付け、吉良貞家書下状(46)がある。那須遠江守資宿が奥州管領吉良氏の指揮下にあったことは明白である。したがって資宿は、文和二年段階には陸奥国に拠点を置いていたものと考えられる。

三　京都東寺の合戦と那須一族

『太平記』及び嘉慶の頃に成立したという『源威集』に、文和四年（一三五五）、東寺の合戦の時に足利尊氏の命で那須資藤以下一族家人が直冬方の斯波高経軍と戦った場面が記されている。(47)『源威集』によると、この直後、尊氏は「建武三、九州御下向之時、東国ニ一人ノ味方ナカリシニ、此資藤カ父資忠一人高館ニ籠テ忠致セシ事」を述懐している。(48)この合戦の際に、足利尊氏と那須資藤の対面が実現している。味方の劣勢を挽回すべく尊氏は資藤を頼みとした。尊氏は「那須備前守資藤ヲ被レ食テ、直ニ被二仰付一、頼モシク依レ被二思食一、于レ今惜残サルル、七条合戦及二大事一由申、暮ニ及間、日ノ中ニ不レ可レ有二時刻一、急罷向可レ致二忠節一ヲト」(49)下命した。那須資藤以下一族伊王野氏・福原氏等二百余騎の軍勢は奮戦し敵を破ったが、「一足モ不レ引、資藤・忠資叔父娚（甥カ）其外一族家人打死手負数輩也(50)」と、まさしく那須一族が命運を掛けて臨んだ一戦であった。

資藤の最後の様子は次のごとくであった。「将軍之御前ェ参タリケレハ、直ニ数ヶ所ノ疵被二御覧一セテ、今度ノ振舞神妙之由有二御感一ケレハ、忝モ御詞耳ニ入カト覚テ、目ヲハタト見開、血ノ付タル手ヲ合テ胸ニ置キ、恐入タル体ニテ打諾キ々々命ヲ堕シケル(51)」とある。

「一族ニハ伊王野・芦野・福原・稲沢打列テ(52)」とあり、那須一族伊王野氏の参陣も確かめられる。本宗那須氏の資藤が、一族を引率して東寺合戦に参加したものといえよう。この時、資藤とともに伊王野氏の当主も討死したものと考えられる(53)。伊王野氏は断絶の危機に瀕する。そして、伊王野氏と同じ資長の子孫である資宿が、伊王野氏の後継者として抜擢される。

四　鎌倉府内での那須一族の地位

延文五年（一三六〇）には那須遠江守資宿の下野国での活動が確認できる。資宿が下野の茂木氏の領地に攻め入っていることが、「茂木文書」足利義詮書状(54)に「□□国東茂木内小深・□□倉両郷事、賢安南方□向之最中、那須遠江守□押領云々」とあることから知られる。次の史料は資宿が惣領の資直に与えた譲状である。結局、茂木内小高倉郷は茂木氏に返されることなく譲状に記載されている。

〔史料4(55)〕

譲渡

為二周防守資直惣領分一可二知行一所領間事
下野国那須北条郡内
一所　伊王野郷
一所　五ヶ郷内野上郷
一所　東茂木内小高倉郷
一所　原三ヶ村
一所　那須上庄小川郷内梅薗村
古代々手継証文幷安堵御下文、無レ所レ残相二副之一、所二譲渡一也、但伊王野郷・野上郷・茂木小高倉郷内女子分一期之間、無二相違一可レ被レ取レ之、将又除分在レ之、守二其旨一、不レ可レ有レ煩者哉、然則任二先例一、可二知行一之条如レ件、
康安二年四月十五日　　前遠江守資宿（花押）

那須前遠江守資宿が、康安二年（一三六二）に嫡子の周防守資直に与えたこの譲状の一所に伊王野郷とあることから、資宿は那須一族伊王野氏の所領を継承していたことが確認できる。これは、京都東寺合戦で伊王野氏の当主が討死したことにより、伊王野氏の断絶と所領散逸を防ぎ、本宗那須氏の北への備えを固めるためであったと思われる。

観応の擾乱に際し、直義方であった上杉憲顕が鎌倉府に復帰したことに反対し、宇都宮氏綱の重臣芳賀高貞等が蜂起した。氏綱は越後守護の地位を憲顕に奪われていた。貞治二年（一三六三）足利基氏自身が発向して武蔵岩殿山で芳賀氏と衝突し勝利している。この時、那須氏は基氏から軍勢催促を受けている[56]。那須氏の他に、常陸の小野崎氏、下野の長沼氏・茂木氏も、基氏から軍勢催促を受けたことが確認できる[57]。

関東公方足利基氏御教書写[58]の宛名が那須周防守となっている点が注目される。貞治二年は、那須資藤が文和四年

（一三五五）の東寺合戦で戦死した八年後である。資藤の嫡男で本宗那須氏当主の資世がいまだ幼少で、伊王野氏の所領を継承した周防守資直が本宗那須氏の惣領権を代理し、那須氏を称していたからと考えられる。那須地域では、鎌倉・南北朝期を通して、本宗那須氏以外の者が世襲的に那須名字を名乗った事例は、管見によれば資宿・資直の事例があるのみである。資直は資藤の子の資世が成長するまでの間、本宗那須氏の惣領権が弛緩し、本宗那須氏の代理として行動していたため可能であったものと思われる。

那須一族は、分地された土地の名、たとえば千本・福原・芦野等を名乗るのを通例としていた[59]。資直以後、奥州那須氏（伊王野氏）の当主が那須氏を称したことは史料に見えないことから、資直の子孫は伊王野氏を称したものと考えられる。ところで応永十年（一四〇三）になると伊王野資朝が史料に登場する。白川満朝の嗣子となり、後に白河結城氏の当主となる氏朝の父であるという[60]。資朝は次の系図から奥州那須氏（伊王野氏）に連なる人物で、資直の子ないし孫と考えられる。

資長・高頼・資宿・資直・資朝関連の奥州那須氏（伊王野氏）の文書が伊王野氏に伝来せず、白河結城氏の文書として伝来している[61]。この点は、資朝の子氏朝が白河結城氏に養子縁組により入ったことと関連しており、氏朝とともに伊王野氏から白河結城氏へ伝来したと考えれば理解できよう。『那須七系』所収の「伊王野家系図[62]」は、資長から天文年間の当主資宗までは詳らかにできないと記している。氏朝とともに伊王野氏関係の文書が白河結城氏に移ったことが影響しているものと考えられる。氏朝は白河結城氏に養子に入るに際し、出身の伊王野氏が本宗那須氏に匹敵する歴史を有することを証明する必要があったのであろう。逆にいえば、本宗那須氏と同等の家格を有していたから白河結城氏との縁組が可能となったといえるであろう。

康暦二年（一三八〇）に鎌倉府は小山氏の攻撃を始める[63]。この小山討伐が決着したのは応永三年二月のことになる。

合戦はこの間数度にわたる。

「彦根藩井伊家文書」[64]に「宇津宮・那須押寄兵王(天カ)口合戦之間、致二横相一追二入城内一畢」とあり、本宗那須氏も康暦二年八月二十三日、小山祇園城の天王口での戦闘で、出撃してくる敵をしばしば城内に追い返している。

本宗那須氏が鎌倉府内で一定の地位を確立していく様相は、次のようなことからも窺える。

『日本中古治乱記』[65]の「小山若犬丸叛逆付若犬丸勇力ノ事」に至徳三年（一三八六）小山義政の子若犬丸が反逆し氏満がこれを攻め、「大手ノ寄手那須与市太郎資貞・小田讃岐守持家彼是千余騎先陣ニ進ミケル」とみえる。また『那須譜見聞録』巻之三所収「那須系図」資世の項に、「按資貞者、資世之初名歟」としている。小山若犬丸の反逆後、小田讃岐入道恵尊が小山若犬丸を隠匿していたことが発覚、嘉慶二年（一三八八）五月、鎌倉府の軍事的圧力により恵尊と子息孫四郎は召し出され、嫡子太郎は那須越後守資世が邸に預かり拘束している[66]。応永六年には資世の嫡男太郎資氏が足利満兼から屋形号を賜り、「関東八屋形」と称されることとなった[67]。また、『殿中以下年中行事』[68]正月十四日条に「小山・結城・小田・宇都宮・那須、又ハ佐竹方旁々当参之時者、皆以正月十五日ヨリ出仕アル也」と、本宗那須氏の出仕日に関する記載がある。

むすびに

以上、南北朝期の本宗那須氏について、伊王野氏との関係に焦点をあてて検討を行った。本宗那須氏と伊王野氏の動向を整理しておきたい。

那須遠江守資旨は那須安芸守資忠の嫡男であった。ところが資旨は父の資忠より先に若死にしてしまう。資忠は、備中那須氏のもとに派遣していた備前守資藤（五郎）を呼びよせ、本宗那須氏の家督とした。この那須資藤も文和四年（一三五五）京都東寺合戦で討死している。この時、伊王野氏の当主も討死してしまう。本宗那須氏は資藤の子資世が継承する。奥州那須氏の子孫那須遠江守資宿が、那須一族伊王野氏の所領を継承していたことが、康安二年（一三六二）の那須資宿譲状によって知られる。貞治二年（一三六三）足利基氏が発向して、上杉憲顕の鎌倉府への復帰に異を称えた宇都宮氏・芳賀氏を討った際、那須氏は基氏から、下野の長沼氏・茂木氏などとともに軍勢催促を受けた。この時の基氏の御教書の宛名は、資宿から伊王野氏の所領を継承した那須周防守となっている。これは本宗那須氏当主資世が幼少で、資宿の嫡男資直が補佐し、惣領権を代理し那須氏を称していたからと考えられる。

康暦二年（一三八〇）には資世が本宗那須氏当主として活動している。伊王野氏は、貞治二年時の資直までは那須氏を称したことが確認できる。資直の子息ないし孫が資朝である。資直以降、この一族が那須名字を名乗ったことは史料にみえず、那須氏を称したことは証明できない。資朝が史料に登場するのは応永十年（一四〇三）である。しかしながら、本宗那須氏は応永六年段階で「関東八屋形」を賜わっており、鎌倉府内で一定の地位を得ていることが確認され、宗家以外の者が那須氏を称したとは思えないので、伊王野氏を称したものと推定される。

南北朝期の伊王野氏は、本宗那須氏が有事の際には、惣領権を代理することができる本宗那須氏に次ぐ高い家格を有していたことが確認できた。その際には、例外的に那須名字を称することが認められていたと解される

註

（1）『吾妻鏡』（『国史大系』本）建久元年十一月七日条には、源頼朝が上洛した際の後陣の随兵三三番に、塩谷太郎・毛利（森）田次郎等の名が記されている。

（2）『吾妻鏡』嘉禎四年二月十七日条には、将軍九条頼経が上洛した際の随兵の一人として、福原五郎太郎の名が記されている。

（3）豊受太神宮神主等解（「櫟木文書」〈『鎌倉遺文』二一三八五号〉）に「任承久二年十二月本領主朝高（中略）下野国那須此（北カ）条郡内稗田付蓋堵村幷佐久山両御厨間事」と那須与一の兄稗田九郎朝高（隆）の名が見える。

（4）備中那須氏関係の建長三年の銘をもつ岡山県最古の梵鐘が著名である。岡山県笠岡市走出の持宝院に残る梵鐘の銘にある「肥前三郎藤原資泰」は備中那須氏の居城小菅城の城主という。建武三年（一三三六）に足利尊氏が九州に下る際にこの城に七日間滞在し、母を近くの城に託していったとの地元の伝承がある。

（5）伊藤喜良氏は「親房書簡から奥羽・東国の動乱をみる―南奥羽国人と北関東国人の連携―」（小林清治編『中世南奥の地域権力と社会』岩田書院、二〇〇一年所収）で、那須・白河地方に存在した「那須・白河国人一揆」に参加した那須一族那須首藤兵衛尉高長について述べている。また、小国浩寿氏は「足利尊氏と平一揆」（『日本歴史』第五六一号、一九九五年、のちに同『鎌倉府体制と東国』吉川弘文館、二〇〇一年）の中で、平一揆の参加者の中に下野の那須氏を上げている。南北朝期の那須氏に関する先行研究には他に荒川善夫「鎌倉～室町期の那須氏と一族・家臣」（同『戦国期東国の権力構造』岩田書院、二〇〇二年）、山本隆志「鎌倉・南北朝期の那須氏」（『三田中世史研究』第九号、二〇〇二年）があるが、いずれも概説的な記述にとどまっている。

（6）「結城文書写」（『白河市史』五巻古代・中世　資料編2、福島県白河市、一九九一年〈以下『白河』と略す〉五一号）。

（7）山本隆志「白河結城家文書のなかの那須文書」（村井章介編『中世東国武家文書の研究』高志書院、二〇〇八年）。

（8）江田郁夫「那須伊王野家文書の伝来をめぐって」（村井章介編『中世東国武家文書の研究』高志書院、二〇〇八年）。

（9）「伊王野氏系図」（『那須町誌』前編、那須町誌編さん委員会、一九七六年所収「伊王野氏諸系図対照表」の鳥取本による）の資長の項に「資頼次男」とある。
(10)『太平記』巻第三・『那須譜見聞録』巻之三（東京大学史料編纂所所蔵）所収「那須系図」資家の項に「元弘元年辛酉因《（ママ）》二北条高時之催促一率二国軍氏族一出軍於二河内国一攻二楠氏一」とある。
(11)『大日本史料』第六編之三、延元元年四月二十四日条（三二七頁）「相馬文書」。なお、史料の返り点及び傍線は筆者による加筆である（以下同じ）。
(12)『南北朝遺文　東北編一』三三九号は、この文書を延元二年に比定している。筆者は、どちらが正しいか断定する材料を持たないので、ひとまず『大日本史料』に従う。
(13)稲積城（現那須烏山市）については、『栃木県の中世城館跡』（栃木県文化振興事業団、一九八三年）二一三頁参照。
(14)「結城家蔵文書」結城宗広道忠書状（『白河』一一一号）。
(15)「結城家蔵文書」結城宗広道忠書状（『白河』一一一号）。
(16)『大日本史料』第六編之四、延元三年五月二十二日条。
(17)『太平記』巻第二十。
(18)『大日本史料』第六編之四、延元三年閏七月二十六日条。
(19)『太平記』巻第二十。
(20)『大日本史料』第六編之五、延元四年八月十五日条。
(21)「松平結城文書」北畠親房御教書（『白河』一二一号）。
(22)佐藤和彦『日本の歴史』十一・南北朝内乱（小学館、一九七四年）一一二頁参照。
(23)「松平結城文書」北畠親房御教書（『白河』一二四号）・「松平結城文書」北畠親房御教書（『白河』一二五号）・「松平結

城文書」北畠親房御教書（『白河』一二六号）。

(24) 佐藤和彦『日本の歴史』十一・南北朝内乱（小学館、一九七四年）一一四頁参照。

(25) 「結城家文書・結城錦一氏所蔵」石塔義房書下状案（『白河』二七九号）。

(26) 「松平結城文書」北畠親房御教書（『白河』一二五号）。

(27) 『那須郡誌』（蓮実長著、一九四八年）は、近世の奥州街道よりも古い道筋として関街道について記している。五四二頁参照。

(28) 「松平結城文書」北畠親房御教書（『白河』一三二号）。

(29) 「松平結城文書」北畠親房御教書（『白河』一六八号）。

(30) 「松平結城文書」北畠親房御教書（『白河』一六五号）。

(31) 「結城家文書・結城錦一氏所蔵」結城親朝注進状案（『白河』二七八号）。

(32) 「秋田藩家蔵文書・岡本文書」岡本良円軍忠状（『白河』三三七号）。

(33) 山本隆志「鎌倉・南北朝期の那須氏」（『三田中世史研究』第九号、二〇〇二年）一四頁参照。

(34) 『太平記』巻第三十一。

(35) 『太平記』巻第三十一、『那須譜見聞録』巻之三（東京大学史料編纂所所蔵）所収「那須系図」資旨の項に「文和元年壬辰三月十七日率二国軍一到二武州久米河一謁二将軍尊氏一励二戦功一」とある。

(36) 那須氏の菩提寺である天性寺（栃木県那須烏山市）所蔵の「那須系図説（写）」の資旨の項に「遠江守、早世」とある。天性寺は他に「那須与市家系図」も所蔵している。

(37) 『那須文書』（栃木県立博物館、一九八八年三月）所収「那須系図3」資藤の項に「太郎五郎備前守、住レ于二備中国荏原荘」とある。

(38)『那須譜見聞録』巻之三（東京大学史料編纂所所蔵）所収「那須系図」資長の項に「伊王野次郎左衛門尉」とある。資長は、那須町伊王野にある伊王野氏の菩提寺専称寺所蔵の善光寺式阿弥陀如来立像の背銘にも、その名を留めている（『那須町誌』前編、那須町誌編さん委員会、一九七六年、四四八頁参照）。

下野国北条郡那須庄伊王野郷
文永四丁卯五月日　仏師　藤原光高
願主　左衛門尉藤原資長也

(39)「伊王野氏系図」（『那須町誌』前編、那須町誌編さん委員会、一九七六年）所収「伊王野氏諸系図対照表」の鳥取本による。

(40)「結城古文書写」足利尊氏御判御教書（『白河』五一号）。なお、資宿が那須下野太郎と称していたことは「茂木文書」八七号、茂木知貞申状案（『栃木県史』史料編・中世二、栃木県史編さん委員会、一九七五年）から知られる。

(41)「榊原結城文書」足利直義御教書（『白河』六一号）。

(42)「東京大学白川文書」石河兼光軍忠状（『白河』三五四号）。

(43)「結城古文書写」那須資宿代大塩宗広着到状（『白河』三五一号）。

(44)小川信『足利一門守護発展史の研究』（吉川弘文館、一九八〇年）「吉良貞経発給文書について」の項を参照。

(45)『宮城県史』1古代・中世史（宮城県史編纂委員会、一九五七年）第八章「南北朝の内乱」を参照。

(46)「結城古文書写」吉良貞家書下状（『白河』三三九号）。小川信氏は『足利一門守護発展史の研究』（吉川弘文館、一九八〇年）「吉良貞家の発給文書について」の項で「その後同年（文和二年）四月末までに宮城郡の那須氏等を率いて宇津峯城攻撃に参加した」と述べており、首肯できる。また、『宮城県史』1は「県内の鎌倉武士」の項(二二九〜二三一頁)で那須氏について述べている。

(47)『太平記』巻第三十三、『源威集』(新撰日本古典文庫『梅松論・源威集』現代思潮社、一九七五年)三六五〜三六六頁。本論での『源威集』は本書による。

(48)尊氏の述懐にある資忠の守っていた高館が史料には那須城とあることから、当時は高館城が那須城と呼ばれていたと考えられる。高館城(現大田原市)については『栃木県の中世城館跡』(栃木県文化振興事業団、一九八三年)一八四〜一八五頁参照。

(49)『源威集』。

(50)『源威集』。

(51)『源威集』。

(52)『源威集』。

(53)「伊王野氏系図」(小滝本)は、伊王野氏の当主が東寺合戦で討死したと記している。『那須町誌』前編(那須町誌編さん委員会、一九七六年)二九二頁参照。

(54)「茂木文書」二七号(『栃木県史』史料編・中世二、栃木県史編さん委員会、一九七五年)。関連文書として、茂木家證文写「茂木文書」(『茂木町史』第二巻史料編1原始古代・中世、茂木町史編さん委員会、一九九七年)があり、「一東茂木保内小深・小高倉両村事 御下文紛失之有無被ㇾ尋究ㇾ之(中略)資宿無理仁依ㇾ支申ㇾ(後略)」と記されている。

(55)「結城神社所蔵文書(結城小峰文書)」那須資宿譲状(『白河』三六一号)。

(56)「秋田藩採集文書二十」関東公方足利基氏御教書写(『神奈川県史』資料編3古代・中世〈3上〉、神奈川県県民部県史編集室、一九七五年〈以下『神奈川』と略す〉四四七一号)。
(57)「額田小野崎文書」関東公方足利基氏御教書写(『神奈川』四四七〇号)・「皆川文書」関東公方足利基氏御教書(『神奈川』四四七四号)・「茂木文書」関東公方足利基氏御教書(『神奈川』四四七五号)。
(58)「秋田藩採集文書二十」関東公方足利基氏御教書写(『神奈川』四四七一号)。
(59)「千本家系図」(『茂木町史』第二巻史料編1原始古代・中世、茂木町史編さん委員会、一九九七年)・「福原家系図」(『大田原市史』前編、大田原市史編さん委員会、一九七五年所収)・「芦野家系図」(『那須町誌』前編、那須町誌編さん委員会、一九七六年)。
(60)「東京大学白川文書」応永十年三月二十七日付兵部少輔資朝状(『白河』四二三号)。この史料を載せる『白河』(三五四頁)は「那須資朝の子氏朝を結城白川満朝の嗣子とするに際して、資朝が満朝に与えた誓約書」とする。しかし、資朝が那須氏を名乗ったことは証明されておらず疑問である。
(61)註(7)山本隆志「白河結城家文書のなかの那須文書」参照。
(62)『那須七系』(国立公文書館所蔵)所収「伊王野家系図」。後年、水戸藩に仕えた伊王野氏嫡流の子孫が伝えた系図である。
(63)『迎陽記』康暦二年六月十六日条・「茂木文書」三四号、鎌倉公方足利氏満御教書(『栃木県史』史料編・中世二、栃木県史編さん委員会、一九七五年)・「別符文書」一号、鎌倉公方足利氏満御判教書(『栃木県史』史料編・中世四、栃木県史編さん委員会、一九七九年)・「本間文書」一号、鎌倉公方足利氏満御判教書写(『栃木県史』史料編・中世三、栃木県史編さん委員会、一九七八年)。
(64)「彦根藩井伊家文書」高麗師員軍忠状写(『藤岡町史』資料編古代・中世、藤岡町史編さん委員会、一九九九年、二二三号）。

(65)『日本中古治乱記』（国立公文書館所蔵）。

(66)「頼印大僧正行状絵詞」（『群馬県史』資料編6中世2　編年史料1、群馬県史編さん委員会、一九八四年）八六三〜八六四頁。

(67)「那須家譜」（東京大学史料編纂所所蔵）資氏の項、『佐竹系譜事蹟略』（東京大学史料編纂所所蔵）。

(68)『群書類従』第二十二輯、巻四百八「殿中以下年中行事」。

【那須氏関係系図】

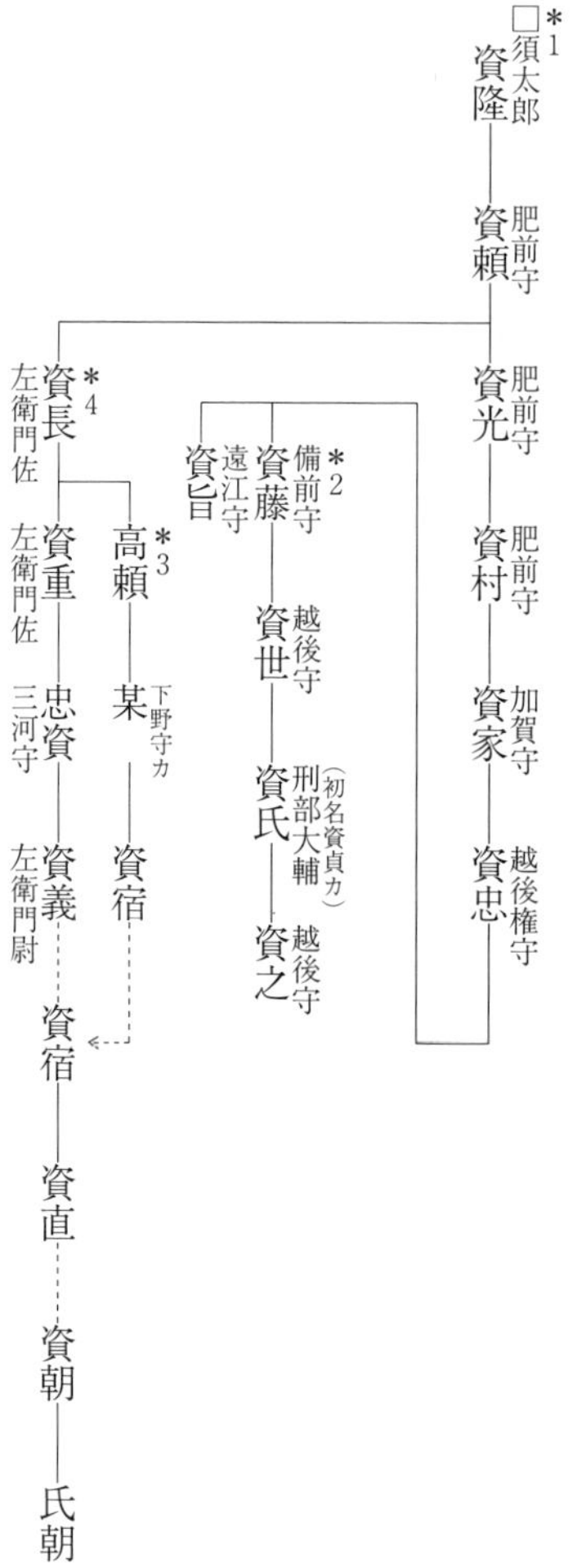

*1『玉燭宝典』紙背文書所収「那須系図」（今江広道編『前田本『玉燭宝典』紙背文書とその研究』続群書類従完成会、

二〇〇二年)。系図の最初に記された那須太郎資隆は那須与一宗高(宗隆)のことである。那須与一は通称であり、本宗那須氏当主となった後、父の名を襲名したという。

＊2　『那須文書』所収「那須系図」(栃木県立博物館、一九八八年)。

＊3　「奥州那須氏系図」及び資宿以下、氏朝までの系図は関連史料から筆者が作成。江田郁夫「那須伊王野家文書の伝来をめぐって」(村井章介編『中世東国武家文書の研究』高志書院、二〇〇八年)を参照。

＊4　「伊王野氏系図」(『那須町誌』前編、那須町誌編さん委員会、一九七六年)所収「伊王野氏諸系図対照表」の鳥取本による。

十五世紀の那須氏

―上・下那須氏分裂の再検討を中心として―

はじめに

室町期の那須氏研究は、上・下那須氏の分裂という基本的事項の見解さえ一致していない状況にある。たとえば、那須資之が、那須氏の嫡流か庶流かが明確にされていない。そこで本論では、上・下那須氏分裂の再検討を行う。この時期の室町幕府と鎌倉府の関係を具体的に究明する上で、上・下那須氏の分裂を再検討し那須氏の動向を研究することの意義は高いといえよう。

上・下那須氏の分裂に関しての主な研究[1]は、分裂の時期については見解を異にするが、上那須氏（本宗那須氏）の那須資之と下那須氏（庶流）の資重が分裂したことでは一致している。

『栃木県史』以後の那須氏に関する先行研究を整理すると、江田郁夫・田代誠両氏による見解の相違があり、いまだ解決をみない状況にある[2]。江田氏は、那須太郎を京都扶持衆で那須氏惣領家とし、親鎌倉府方の那須資之を那須氏庶流としている。さらに那須氏の分裂の時期については、南北朝期まで遡るとしている[3]。一方、田代氏は、上・下那須氏の分裂の時期については、正長元年（一四二八）に資之が死去した後の、「五郎資持」と「太郎氏資」の対立から、と述べている[4]。統一的な見解が示されていないのは、那須氏関係の一次史料が少ないことに起因するものと思われる。

そこで以下、研究の現状を踏まえて再検討する。

参考のため那須氏略系図を記す(那須隆氏旧蔵「那須氏系図」[5]による)。

資世（太郎越後守）― 資氏（太郎刑部大輔）┬ 資之（太郎越後守）― 氏資（太郎大膳大夫）
　　　　　　　　　　　　　　　　　　　　└ 資重（沢村五郎）― 資持（与一 越前(後カ)守）

一　上杉禅秀の乱と那須氏

那須資之が上杉禅秀の乱に参加したことは、一次史料に見えないが、多くの軍記にその名が言及されている。「那須越後入道資之[次イ]」[6]「那須越後守資次[之イ]入道」[7]「下野の那須」[8]「下野国には那須」[9]などと記されている。資之が禅秀の乱に参加したことは、史実とみてまちがいあるまい。

応永二十四年(一四一七)一月、禅秀は自害し反乱は鎮圧された。持氏は、乱後ただちに禅秀与党の討伐にかかった。下野国にも戦乱は及び、京都扶持衆[10]は鎌倉府の軍事的脅威を受けることになった。つまり資之は禅秀与党であった。資之が禅秀に与したのは、室が禅秀の女であったことによるという[11]。資之は乱後まもなく、室町幕府と接触を持ち京都扶持衆となった。『満済准后日記』(以後『満済』と略す)応永二十四年五月二十八日条に「宇都宮・那須状□(共カ)懸□」とある[12]。これは資之が幕府に接近することで、家の安泰を図ろうとしていたと解することができよう。だが、幕府は、応永三十年八月九日、宇都宮持綱が鎌倉府の攻勢を受け敗死した[13]ことにより、北関東への影響力を失ってしまう。それで京都扶持衆は危機的な状況に陥ったのである。

二　鎌倉府と那須氏

資之は、この難局にどのように立ち向かったのかを検討してみたい。この点を考察する上で、次の二点の史料が極めて重要である。

〔史料1〕(14)

足利持氏書状

就二那須越後守合力一、度々合戦ニ親類家人、或討死、或被レ疵候之由聞食候、神妙候、委細者、自二資之方一可二申下一候、謹言、

八月九日　（足利持氏）（花押）

小峯参河（朝親）守殿

〔史料2〕(15)

那須資之書状

去三日御札、同六日到来、委細拝見仕候了、抑黒羽城無レ程被二責落一候間、大慶無二申計一候、其上宗之者共衆、被二討取一候之間、本望至極存候、就レ其、於二御手宗之面々一討死、手負候由承候、乍レ恐、御心中察存候、如レ此之子細、罷下可二申入一候へ共、先進二愚状一候、委細者、期二面謁一候之間、令二省略一候、恐々謹言、

八月九日　前越後守資之（花押）

謹上　小峯（朝親）殿

史料1の年次比定であるが、小峯朝親の三河守任官が、応永二十八年（一四二一）十月二十七日である[16]ことから応永二十九年以降に比定される。また、持氏の花押型から、応永三十三年正月改判以前に比定される[17]。鎌倉府による那須地方への軍事攻撃が可能となるのは、応永三十年の宇都宮持綱敗死以後と考えられることから、事実上、応永三十年～応永三十二年の三年間に限定される。

史料1でまず注目されるのは、那須氏が南奥国人小峰氏と共に、鎌倉府方として活動していることである。応永二十四年には親幕府派であった資之は、この時点で鎌倉府方へと政治的転換をしていたのである。鎌倉府の軍事的圧力に対して、幕府の支援を得られないと判断した資之は、家の安泰を図るため、鎌倉府方へと去就を変えざるを得なかったものと考えられる。応永三十年八月十八日、足利持氏が小峰氏に発給した書状に「就二宇都宮事一、暫可レ在二陣那須一（中略）令二逗留一」[18]とあり、小峰氏は、この時は那須地方に逗留したが、合戦に至らなかったことが知られる。応永三十一年に那須地方が戦場になったことは史料に見えない。応永三十二年、京都扶持衆の佐竹祐義退治のため、常陸にあった鎌倉府の重臣里見家基が、急遽常陸から那須に転進したのは[19]、黒羽城の反乱を制圧する那須氏を支援するためであったと考えられることから、史料1は応永三十二年に比定することが最も整合性がある。同日付けで内容も関連していることから、史料2は史料1の副状とみられる。

従来の研究では、史料1の「那須越後守」と「資之」を同一人物としてきた。たとえばこの史料を載せる『白河市史』は那須越後守の右に（資之）と表記し、杉山一弥氏も同一人物説を採っている[20]。しかしながら、同一人物説は再検討が必要と思われる[21]。史料1の、一つの文書内で、一人の人物を「資之」と「那須越後守」と二通りに書き分けて表記することは不自然である。さらに史料2では、資之は「前越後守資之」と署名しており、すでに「越後守」ではないことが知られる。資之と那須越後守が別人であることは明白であろう。那須氏の先行研究において、上・下那須氏の分裂という基本的事項でさえ統一的見解が示されていないのは、史料1の資之と那須越後守を同一人物とする解釈に、原因があったと思われる。

そこで那須越後守が誰かが問題となる。ここでは、資之と那須越後守が別人であることを指摘するにとどめ、第四節で史料4を検討した上で考察する。

それでは黒羽城に籠り、那須氏に反旗を翻した人物とは誰であろうか。次に、当該期の史料に登場する那須地方の人物の居城を検討する中で考察してみたい。

資之は那須氏の惣領であり那須城主といえる。史料1の那須越後守の居城については、実名を明らかにした後に考察する。伊王野入道(法泰)は、那須一族伊王野氏の当主であり伊王野館の主といえる。伊王野法泰は、応永三十一年、南奥国人小峰氏から弥太郎を後継家督として養子に迎えるため交渉中であった。法泰は小峰氏にあてた書状(22)の中で、「此間当方連々弓矢之時節之間」と記している。すでに、この時点で那須地方は、親幕府派と鎌倉府方の対立が、ただならぬ事態となっていたことが知られる。那須資之はこの頃まで親幕府派であった可能性が指摘できる。

伊王野氏の養子問題に関連して、前美作守忠増は白河結城氏の重臣である和知美濃守宛に、那須資之が小峰氏からの養子を了承している旨の「正員心中之趣」を伝える書状(23)を発していることから、忠増は、資之の重臣として家宰的役割を担っていたことが知られる。

前美作守忠増は大関氏である。黒羽藩の史書『創垂可継』多治比系伝所収の「大関氏系図」増雄(忠増の継嗣)の項に「文明十七年(一四八五)十月二日於二黒羽城一卒」とある(24)。後年、近世大名となった大関氏は黒羽城を居城とした。この新「黒羽城」は、高増により天正四年(一五七六)に築城されたといわれる。前記「大関氏系図」高増の項に「復遷黒羽城」と記されている[25]。この記載は黒羽城を別の場所に移して再建したとの意に解されよう。黒羽城がもともと大関氏の居城であったとの意識が読み取れるのではないだろうか。

黒羽城主は、史料1・史料2から親幕府派で、鎌倉府方の那須氏に攻められたことが知られる。黒羽城主は、かつて親幕府派であった資之に近い人物で、資之の親幕府派から鎌倉府方への政治的転換に反対し、親幕府派の姿勢を堅持していた人物と考えられる。したがって黒羽城主は大関氏で、親幕府派の中心人物であったと考えたい。

応永三十二年に至り、那須地方の緊張は頂点に達し、ついに戦いとなった。この時、資之自身は在鎌倉して持氏に近侍していた[26]。持氏の命で、小峰氏は那須氏に合力して戦い、黒羽城主の関係者達を打ち取り、黒羽城を落城させた。だが小峰氏方も、戦死者や負傷者を出しており激戦であったことが知られる。黒羽城は那須氏に接収された。史料1・史料2に記された応永三十二年の黒羽城攻めで、小峰氏と合力して黒羽城を落城させた那須越後守の、鎌倉府内における相対的な地位が向上したことが考えられる。この戦いは、上・下那須氏分裂の前兆であったと位置づけることができよう。

三　京都扶持衆那須氏

正長元年(一四二八)正月将軍義持は死去し、永享元年(一四二九)義教が将軍職を襲うと、鎌倉公方持氏は義教への対抗心を強め幕府と対立していく。

那須氏は、那須資之が正長元年八月八日に没し[27]、太郎が当主となると、父の路線を踏襲することなく反鎌倉府の立場をとる。資之が没すると、那須越後守の鎌倉府内での相対的地位は、ますます高まったと考えられる。太郎は、幕府派の白川弾正少弼氏朝と結び京都扶持衆として知られることとなった。京都扶持衆としては、他に宇都宮・佐竹（山入）・常陸大掾・小栗・真壁・白河結城・桃井氏等が著名である。その多くは、上杉禅秀の乱に禅秀与党として参加した国人であった。幕府と鎌倉府が対立する状況下での那須氏について以下に考察する。

さて持氏は早速、鎌倉府方から親幕府方に転じた那須太郎を制圧するための軍事行動を開始する。正長二年六月、持氏は太郎討伐のため、近臣一色直兼らを那須に発向させ本格的な軍事攻撃をかけてきた(28)。このような鎌倉府の動きに対して、太郎は篠川公方に援助を要請し、篠川公方が幕府へそれを伝えた。『満済』正長二年五月晦日条に「自二細川右京大夫方一以二使者一自二奥篠河殿一就二那須事一御注進在レ之、今日先可レ令二披露一候、定可レ被二申談一歟、早々可レ有二御出京一云々」とある。幕府は緊急案件であるとして、翌日には協議を開始している。『満済』同年六月一日条に「自二細河右京兆一以二書状一申入様、就二那須事一御談合御急事候、明日御出京可二目出一云々」とある。

幕府は、その二日後には早くも那須氏の支援を決定し、「奥佐々河方へ御内書、幷国人伊達・葦名以下十三人歟方へ同御内書被レ遣レ之、子細ハ自二関東一就二那須事一、白河可レ被二対治一之由已現行了、爾者為二京都一此等面々方へ、被レ成二御内書一可二合力一旨可レ被二仰下一云々」と、篠川公方足利満直や伊達・芦名等奥州の一三氏に、那須太郎・白川弾正少弼氏朝への合力を命じている(29)。

次いで『満済』正長二年七月二十九日条に「於二那須館一合戦」とあり、那須館が鎌倉府の兵に包囲され合戦となったことが知られる。

〔史料3〕『満済』正長二年八月十八日条

自二奥佐々河右兵衛佐一注進事申出了、今日可レ被二御覧一之由被レ仰間令二披露一也、非二殊儀一、白河弾正少弼氏朝、為二那須合力一[A]則那須館黒羽城ニ罷籠云々、仍此時節自二京都一御合力可二畏入一云々、此事先々及二数度一注二進之一了、其子細ハ自二関東一白河可レ被二退治一之由、已事治定了、為二京都一無二御扶持一者、可レ及二生涯一之由、自二佐々河一モ、又白川モ注進申間、越後・信濃・駿河辺事可レ致二其用意一之旨被二仰付一、已及二両度一被レ成二御教書一了、今度ハ聊篇目相替歟、白川已為二合力一楯ヿ籠那須城一云々、然者非二我大事一、人ノ大事ヲ請取テ、京都御合力事申入条如何、雖レ然又厳密ニ此三ヶ国事越後・信州・駿河可レ致二合力一旨、被レ成二御教書一之由被二仰出一了、則管領方ヘ申遣也、

このような中、八月十八日に満直からまた、注進状が届いた。氏朝は、那須氏に合力し自ら出陣し那須城に立て籠って鎌倉府と戦う体制をとるに至る。鎌倉府は、氏朝退治をすでに決定しており、幕府の援助がなければ、満直・氏朝ともに自殺して果てる覚悟であると、急を告げるものであった。幕府は、氏朝が人の大事を引き受けて幕府に援助を求めたのを不審とした。しかし、那須地方は、奥州と関東の境目にある軍事上の要衝であり、氏朝が那須の地を、白河防衛上の生命線と考えていたとすれば不思議ではない。那須を守ることは白河を守ることであったといえよう。

史料3で、最初の注進に傍線部Aとあり、その後になされた注進には傍線部Bとある。これをどのように理解したらいいのだろうか。仮に当時、黒羽城が那須城と呼ばれていたと解すると、史料1・史料2で那須氏が自己の本城を攻撃したことになり、きわめて不自然である。そこで本論では、黒羽城と那須城は全く別の城として論じることとする。

応永三十二年に鎌倉府方の那須氏・小峰氏は史料2に「黒羽城無レ程被二責落一」とある通り、黒羽城を落城させた。那須氏が黒羽城を支配し、太郎が一時期、黒羽城を利用していたものと解される。太郎と氏朝は、一旦、黒羽城に籠り戦ってみたものの、鎌倉府の大軍勢を迎え撃つにあたり、黒羽城では支えきれないと判断し、より強固な、那須氏の本城である那須城に立て籠ったものと理解される。幕府はより一層厳密に那須城を支援するため、駿河・信濃・越後の軍勢に関東への発向を命じている。

正長二年九月三日には、幕府との良好な関係を求める鎌倉府の使節梵倉蔵主が上京している[30]ことからも、「那須事」に端を発した問題が、容易ならざる事態となっていたことが知られる。

『満済』永享二年八月六日条に「一色宮内大輔為二大将一重可レ罷二向那須城一由有二風聞一、定可レ為二大勢一歟」とある。足利持氏の命で、一色直兼が大将として那須城討伐に向かっているとの風聞があり、幕府は駿河・信濃・越後の諸氏に、再び那須城救援のため関東発向を命じている。

四　上・下那須氏の分裂

上・下那須氏の分裂の真相を究明する上で好個の史料がある。分裂の年代や原因、対象となった人物について考察してみたい。

〔史料4〕『満済』永享三年三月二十日条

那須御退治事、先京都へ聞へ候分大ニ相違候、C那須五郎於惣領ニ可レ被レ成儀ニテ御沙汰分会ナキ事候、D那須五郎庶子分沢村ト申知行分於惣領太郎押領間、自二鎌倉殿一及二度々御成敗一処、太郎不レ応二御下知一間、彼在所ヲ五郎ニ為レ被二沙汰居一被二仰付一了、雖レ然猶不二事行一間、可レ被二治罰一処、E那須事為二京都内々御扶持一事候間、不レ可レ然由上杉阿（安カ）房守一向支申間、于レ今無二其儀一候、

永享三年（一四三一）になると、幕府と鎌倉府は和睦に向けて動きだす。同年三月十四日に悪化した幕府と鎌倉府との関係を改善するため、鎌倉府の使節二階堂盛秀が京に到着している[31]。史料4は二階堂盛秀に同行した従者が述べた内容である。ここに述べられたのは、あくまで鎌倉公方足利持氏や、関東管領上杉憲実らの弁明であることに、留意

する必要があるだろう。しかし持氏は、太郎が庶子五郎分の沢村の地を押領したとして、太郎に対して圧力を加えてきたことを認めている。ここで注目されるのは、憲実が、太郎は傍線部Eの者であるとの理由から、那須地方への軍事行動を控えるよう、持氏に諫言していたことである。それ以上に興味深いのは、持氏が太郎に圧力を加えたのは、傍線部Cではないと殊更に弁明している点である。

渡辺世祐氏は史料4の惣領太郎を資之、庶子五郎を資之の弟資重に比定している。[32] 資重に関しては、首肯できる。しかし、資之は正長元年(一四二八)八月八日すでに没している。資之の跡を継いだ太郎は、正長二年には持氏の軍事攻撃を受けている。その際に黒羽城に拠った那須氏が氏資であるとする『史料綜覧』[33] の見解は首肯できる。惣領太郎は氏資に比定される。

資重の通称は五郎で、那須一族沢村氏の所領を継承したとの所伝がある。[34] 傍線部Dの記述とも合致している。史料1の那須越後守は資重に比定されよう。鎌倉府方は何故に傍線部Cについて弁明したのであろうか。

史料1の足利持氏書状で資重が越後守を称したことが確認できる。これは那須資之の後、五郎資重が越後守の受領名を称することを持氏が認めたことと解される。那須越後守資重は、沢村城(矢板市)を居城にしていたものと考えられる。ここで注目されるのは、本宗那須氏が、世襲的に称してきた越後守(資世の越後守、資之の越後守)を庶流の人物がはじめて称したことである。すなわち、資重に、本宗那須氏と同等の家格を付与したことを意味している。持氏の強い政治的介入により、かつて上杉禅秀の与党であった那須資之を軽視し、資重を那須氏の嫡流にしようとするもくろみがあったとみて間違いあるまい。那須氏が上・下に分裂するに至る根本原因であるといえよう。

また、史料1から応永三十二年(一四二五)段階の資之・資重とも鎌倉府方であったことが確認できる。正長元年に資之が没すると、持氏が那須惣領太郎氏資の討伐をはかったことは史料3で確認した通りである。(傍線部C)を、成就させるためであったといえよう。太郎氏資の母は禅秀の女であり、氏資が京都扶持衆となり、持氏に抗していくのは自然の成り行きであったといえよう。鎌倉府と幕府の対立の状況下、正長元年に資之が死去した後、那須氏は親室町幕府方の「太郎氏資」と鎌倉府方の「五郎資重」の対立となり、氏資が資重知行分沢村の地を押領したと考えられる。上・下那須氏分裂の起こりは、鎌倉府が、氏資に本格的に軍事的圧力をかけはじめた正長二年頃と考えて間違いないであろう。

永享三年七月十九日には、鎌倉府と幕府との間に一時的に和睦が成立する(35)。その条件の一つとして「那須・佐竹・白川向後不レ可レ有二対治儀一事(36)」を求めている。鎌倉府は、幕府の条件を了承したものと思われる。その後、那須城が鎌倉府の兵に攻められたことは史料に見えない。太郎氏資は京都扶持衆として、室町幕府の擁護がなければ、再三にわたる鎌倉府勢の軍事的圧力に耐えることは不可能であり、滅亡の危機にあったといえよう。ともかく、太郎氏資は滅亡を免れ、上那須氏(本宗那須氏)の存続に成功したのである。持氏の下那須氏(庶流)を那須氏の惣領にすえるもくろみは、失敗に終わった。すなわち那須氏の分裂状態は、持氏により引き起こされたものであったといえよう。持氏の関東分国内の京都扶持衆を一掃するもくろみは、那須の地で頓挫したのである。

むすびに

史料1の足利持氏書状にみられる資之と那須越後守は、同一人物ではなく別人であることが明らかとなった。この時点の資之は前越後守を称しており、那須越後守は前越後守の弟資重に比定される。ともに鎌倉府方となっていた。そして、資之の称した越後守の受領名を、弟の資重が称した背景には、持氏の強い政治的介入があったものと考えられる。本宗那須氏が、世襲的に称してきた越後守（資世の越後守、資之の越後守）を庶流の人物がはじめて称したことが確認できる。これは庶流の資重が、本宗那須氏と同等の家格を付与されたことを意味していた。持氏は、庶流の資重を那須氏の嫡流にしようともくろんでいたのである。

資之が正長元年（一四二八）に没した後、正長二年頃、那須氏は、太郎氏資の上那須氏と、五郎資重の下那須氏とに分裂状態となった。持氏が上那須氏（本宗那須氏）の討伐を目指して軍事的圧力を強め、下那須氏（庶流）へ肩入れしていく。太郎氏資は京都扶持衆として親幕府方となり、持氏に抗し上那須氏の存続に成功する。持氏の下那須氏を那須氏の嫡流にしようというもくろみは、失敗に終わる。まさしく上・下那須氏分裂は、持氏により引き起こされたものであったといえよう。

この時まで、那須氏の分裂は史料上確認できない。持氏が、執拗に京都扶持衆の氏資を攻撃したことは、室町幕府の持氏への警戒心を刺激した。室町幕府と鎌倉府の対立は、やがて永享の乱へと発展し、持氏は敗死するのである。『満済』正長二年七月十一日条に「此事已京都・鎌倉御中違因縁也」とあるように、上・下那須氏分裂は持氏が滅亡に到る端緒であったといえよう。

註

（1）『栃木県史』通史編三・中世（栃木県史編さん委員会、一九八四年）五一九頁、河野守弘『下野国誌』（一八五〇年）所収の「那須系図」等。

（2）松本一夫「下野中世史研究の回顧と展望―『栃木県史』以降―」（『栃木県立文書館研究紀要』第一一号、二〇〇七年）。

（3）江田郁夫「持氏期の那須氏─持氏による下野支配の展開─」（羽下徳彦編『中世の地域社会と交流』吉川弘文館、一九九四年）。

（4）田代誠「那須家に関するいくつかの問題点」（『歴史と文化』第七号、栃木県歴史文化研究会、一九九八年）。

（5）『那須文書』（栃木県立博物館、一九八八年三月）所収「那須系図1」。同系図は本宗那須氏に伝来した系図である（以下、本論にいう「那須氏系図」はこの系図をさす）。

（6）『大日本史料』第七編之二十五、応永二十三年十月二日条。「禅秀記」八九頁。

（7）『大日本史料』第七編之二十五、応永二十三年十月二日条。「中古日本治乱記」一三六頁。

（8）『大日本史料』第七編之二十五、応永二十三年十月二日条。「列国譜」九七頁。

（9）『今川記』第二（『続群書類従』第二十一輯上、合戦部所収）。

（10）「京都扶持衆」の語は渡辺世祐氏が『関東中心足利時代之研究』（雄山閣、一九二六年）で使用した造語である。以後研究者に広く用いられている。京都扶持衆に関する論文としては次のものが著名である。田辺久子「京都扶持衆に関する一考察」（『三浦古文化』第一六号、一九七四年）、渡政和「「京都様」の「御扶持」について─いわゆる「京都扶持衆」に関する考察─」（『武蔵大学日本文化研究』第五号、一九八六年）。

（11）「上杉系図」（『続群書類従』第六輯下、巻一五三）氏憲の女子の項に「那賀《(須カ)》太郎資之の妻」とある。

（12）本論では『満済准后日記』は『続群書類従』補遺一（続群書類従完成会）を使用した。

（13）『鎌倉大日記』応永三十年条、「宇都宮系図」（『続群書類従』第六輯下、巻百五十二）持綱の項。

（14）「結城神社所蔵文書」足利持氏書状（『白河市史』第五巻　古代・中世　資料編2、一九九一年〈以下『白河』と略す〉四七九号）。なお、以下の史料の返り点及び傍線・括弧書・英字は筆者による加筆である。

(15)「東北大学国史研究室保管白河文書」那須資之書状(『白河』六四七号)。
(16)「結城神社所蔵文書」蔵人坊城俊国奉口宣案(『白河』四四四号)。
(17)佐藤博信「足利持氏の花押について」(『神奈川県史研究』第四九号、一九八三年、のちに同『中世東国の支配構造』思文閣出版、一九八九年)。
(18)「結城神社所蔵文書」足利持氏書状(『白河』四四八号)。
(19)「真壁文書」真壁朝幹代皆河綱宗目安写(『真壁町史料』中世Ⅰ、真壁町史編さん委員会、一九八三年、一一七・一一九号)。
(20)杉山一弥「室町幕府と下野「京都扶持衆」」(『年報中世史研究』第三〇号、二〇〇五年)。
(21)史料1の那須越後守と資之が別人である可能性については、千々和到氏のご教授による。
(22)「東北大学国史研究室保管白河文書」(応永三十一年)八月十六日付け小峯宛沙弥法泰書状(『白河』四六四号)。
(23)「結城小峰文書」四号、(応永三十一年カ)九月十八日付け和知美濃守宛大関忠増書状(『栃木県史』史料編・中世四、栃木県史編さん委員会、一九七九年)。
(24)「黒羽藩主大関氏系図」(『黒羽町誌』黒羽町誌編纂委員会、一九八二年〈以下『黒羽』と略す〉所収)増雄の項。
(25)「黒羽藩主大関氏系図」(『黒羽』所収)高増の項。
(26)江田郁夫氏は、註(3)「持氏期の那須氏―持氏による下野支配の展開―」で、資之が持氏と同日付け副状を認め、その書状中「罷下可ニ申入一候へ共」と述べていることから、資之が当時在鎌倉し、持氏に近侍していたことがわかるとしており、首肯できる。
(27)「那須家譜」(東京大学史料編纂所架蔵)資之の項。

(28) 「角田石川文書」足利持氏書状・「角田石川文書」足利満貞書状（『石川公追遠四百年記念誌』石川町教育委員会、一九九〇年、一七・一八号）。
(29) 『満済』正長二年六月三日条。
(30) 『満済』正長二年九月三日条。
(31) 『満済』永享三年三月十四日条。
(32) 渡辺世祐『関東中心足利時代之研究』（雄山閣、一九二六年）。
(33) 『史料綜覧』巻七、永享元年八月十八日条。
(34) 「那須氏系図」資重の項・『那須記』巻之五（『栃木県史』史料編・中世五、栃木県史編さん委員会、一九七六年所収）「四　資之沢村城攻附資重沢村開退事」など。
(35) 『満済』永享三年七月十九日条。
(36) 『満済』永享三年四月十三日条。関連記事として同年三月二十日条・四月十一日条がある。

上・下分裂期の那須氏

はじめに

享徳三年(一四五四)、鎌倉公方足利成氏が関東管領上杉憲忠を殺害したことを機に、関東はその後三十年近くも内乱となる。峰岸純夫氏はこの内乱を「享徳の乱」と名付けた(1)。幕府は成氏討伐を決定し、駿河守護今川範忠を関東に発向させ鎌倉を制圧した。鎌倉公方成氏と関東管領上杉氏の対立は幕府＝上杉氏対、足利成氏の対立へと、発展拡大した。

関東管領上杉氏及び幕府は成氏に対抗し上杉氏を援助するため、関東に将軍足利義政の弟政知を派遣した。鎌倉を追われた成氏は古河を本拠地として、この足利政知と抗争していく。政知は長禄元年(一四五七)以来伊豆の堀越を本拠地とした。両勢力は利根川を挟んで南の上杉方と北の成氏方に分かれており、南関東対北関東の対立の様相を呈していた。成氏方は野田(栗橋)・簗田(関宿)等を中核として、小山・那須・結城・千葉・宇都宮・佐竹等の伝統的な豪族に支援されていた。上杉方は、山内・扇谷・越後上杉氏を中心として武蔵・上野等の中小の領主層がその勢力基盤であった。

伊藤喜良氏は、利根川を挟んで北関東対南関東の武士層の対立の構図の原形は永享の乱後の状況が最初ではなく、南北朝期にまで遡るとしている[2]。

享徳の乱では上那須氏は上杉方＝幕府方に与した。一方、下那須氏は終始一貫足利成氏に忠誠を尽くしている。古河公方足利成氏から那須越後守宛書状は四二通を数え、その内四〇通が原本である。一家系に伝来した足利成氏文書としては「正木文書」（八六通、内原本二通）[3]に次ぐ多さである。当時の那須氏だけでなく、東国の動静を知る上で貴重な史料であるが、いまだ十分に活用されているとはいえない現状である。

当該期の那須氏に関する研究は少ない[4]。那須氏に関しては、基本的な史料の人物比定さえ確立しておらず、研究が進んでいるとはいえない状態である。たとえば、上那須氏に関していえば、寛正元年（一四六〇）十月二十一日付け、将軍足利義政御内書写[5]の那須大膳大夫を、『宇都宮市史』（中世通史編、一九八一年〈以後『宇都宮市史』と略す〉）は那須資親に比定している。ところが、文明三年（一四七一）五月三十日付け、那須肥前守宛足利義政御内書写[6]が存在する。当時の那須氏当主は明資であったと考えられる。先の大膳大夫は、明資以前の那須氏当主と考えられることから、『宇都宮市史』の見解は再検討が必要であろう。

那須氏研究は、まず残された基本史料の人物比定といった地道な作業を積み重ねる必要があると思われる。本論の目的もここにある。本論は那須氏が分裂した正長二年（一四二九）頃から、上・下那須氏の和睦が確認される文明四年頃までをその対象とする。

参考のため那須氏略系図を記す（那須隆氏旧蔵「那須氏系図」[7]による。）。

資之（太郎越後守）―氏資（太郎大膳大夫）―明資（肥前守又大膳大夫）―資親（播磨守又大膳大夫）┬資永（太郎）
　　└資久（次郎）

太郎刑部大輔
資氏
├ 沢村五郎 資重
├ 与一越前（後カ）守 資持[8]
├ 与一伊予守 資実
├ 与一修理大夫 資房
├ 与一壱岐守 政資
└ 太郎修理大夫 高資 ― 太郎修理大夫 資胤 ― 太郎修理大夫 資晴

一　上那須氏の動向

鎌倉府と幕府和睦後の上那須氏について史料を通してみていきたい。

〔史料1〕[9]

蒲田城之事、重而致二催促一、悉可レ崩候、若無二承引一候者、其時者、兎も角も依二御意一、可二申談一候、然物先彼面々与御対面、可二畏入一候、恐々謹言、

（文安六年）四月廿日　　藤原氏資（花押）

謹上　白川殿
　　御宿所

史料1に藤原氏資とあるが、那須氏の本姓は藤原氏である。白川殿とは白川氏朝の養子、直朝である。文安六年（一四四九）、白川直朝は石川一族の蒲田氏の居城蒲田城を攻め、同氏の所領の多くを没収している[10]。史料1から那須氏資が白川氏の蒲田城攻撃に協力していた様子を知ることができる。当該期においても、上那須氏と白河結城氏は密接な関係を持っていたことが知られる。

〔史料2〕[11]

小山・宇都宮・那須以下事、馳㆓参御方㆒、致㆓忠節㆒之様運㆓計略㆒者、殊可㆑為㆓感悦㆒候、委細貞親可㆓申遣㆒候也、

(寛正元年)十月廿一日　　御判(足利義政)

同人(白川修理太夫殿)

〔史料3〕[12]

就㆓成氏(足利)厳刑事㆒、被㆑成㆓下治罰　綸旨㆒之処、于㆑今令㆓遅引㆒之間、併奉㆓忽緒㆒、天命之条、不㆑可㆑遁㆓誅譴㆒乎、所詮早速小山・宇都宮以下馳㆓参御方㆒、致㆓忠勤㆒之様加㆑談㆓合直朝㆒、於㆑抽㆓軍戦㆒者、可㆑行㆓其賞㆒也、

同日(寛正元年十月二十一日)

那須大膳大夫殿(氏資)

那須大膳大夫は、寛正元年(一四六〇)十月二十一日付けで将軍義政から白川直朝と相談し、小山・宇都宮氏を味方につけるよう命じられている。この那須大膳大夫を『宇都宮市史』[13]は那須資親に比定している。しかしながら、文正元年(一四六六)六月三日付け那須太郎宛足利義政御内書写、文明三年五月三十日付け那須肥前守(明資)宛足利義政御内書写[14]が存在する。那須太郎は、受領名を称する前の那須肥前守明資と考えられることから、明資の跡継ぎとなった資親ではありえず、那須大膳大夫は明資の父氏資に比定される。『宇都宮市史』が那須大膳大夫を資親に比定する見解は、誤りと思われる。

那須氏資は京都扶持衆として足利持氏に抗してきた。享徳の乱においても、持氏の子である成氏に与同することなく、反成氏の姿勢を堅持していたものと思われる。このことを裏付ける史料が「那須文書」にある。

〔史料4〕[15]

同名大膳大夫号二善光寺物詣一敵陣江音信之由聞召候、無二是非一次第候、其段可レ有二御心得一候、毎事其方事、不レ可レ有二等閑之儀一候、謹言、

八月一日　（足利成氏）（花押）

那須越後守殿

史料4は、氏資が大膳大夫を称したことが確認される寛正元年頃から、氏資から明資への代替わりが確認される文正元年頃のものと思われる。成氏は、氏資が信濃善光寺詣と称して上杉方と連絡を取り合っているのではと警戒し、那須越後守に注意するよう促している。すなわち、上那須氏は上杉＝幕府方、下那須氏は足利成氏方に分裂していたことが確認できる。

〔史料5〕(16)

去年合戦之時、致レ合力那須太郎一、抽二軍功一之条、尤神妙候、所詮早速令二出陣一、可レ運二忠節計略一也、

同日（文正元年六月三日）

白川修理太夫とのへ　結城白川

小峰下野守とのへ

親幕府派の那須太郎は白川直朝等の合力を得て、寛正六年十二月、足利成氏方の塩谷氏の要害を攻撃し、これにより塩谷氏方に多数の戦死者が出たことが知られる(17)。将軍足利義政は、関東管領上杉房顕の注進により那須太郎の勝利を知り、御内書により賞している。そして、さらなる活躍を期待している。

その他、那須明資書状としては、「鑁阿寺文書」(18)が知られている。当該期の上那須氏を整理すると、南奥の白川結城氏と良好の関係を維持し、一貫して親幕府派の姿勢を堅持していたといえよう。

二　下那須氏の動向

永享の乱に際し、下那須氏の那須五郎は足利持氏に与していた。「那須文書」の中に那須五郎宛の足利持氏の書状が二通確認できる[19]。永享の乱で持氏が没する前年、永享十年（一四三八）の書状と思われる。五郎は従来資重に比定されてきたが[20]、資重は没年が永享六年であることから[21]、「那須氏系図」でいう資持に比定される。だが、「那須氏系図」は資持と持資が混同されている。「那須文書」[22]「鑁阿寺文書」[23]によれば、資重の後、越後守を称したのは持資と考えられることから、正確には「那須氏系図」に持資の名は見られないが、持資とすべきであろう。持資の「持」は持氏の偏諱と考えられる。

享徳の乱での下那須氏の動向をみていきたい。上杉憲忠を殺害した成氏は、鎌倉を発して享徳四年（一四五五）一月、憲忠の遺児及び上杉房顕（憲忠の弟）や、上野からの一揆勢を引率してきた長尾景仲らと、武蔵高幡・分陪河原で戦っている[24]。この合戦で犬懸上杉憲顕・扇谷上杉顕房らが戦死し、上杉勢は常陸小栗城に敗走した。景仲は、小栗城に入って成氏に抵抗したが、成氏方により同年四月から五月にかけて落城させられている。この小栗城攻めに那須持資が参加している。

〔史料6〕[25]

今度小栗江参陣、誠感思召候、相二継先忠一候上者、於レ抽レ賞者、可レ有二其沙汰一候、猶以励二勲功一者可レ然候、謹言、

（享徳四年）閏四月二日　　　　（足利成氏）（花押）

那須越後守殿

那須持資は、長々陣労の上、被官人等若干が疵をこうむったため、足利成氏から感状を賜わり、[26]恩賞として「上州和田八郎跡」を充行われ、諸役も免除されている。[27]成氏はさらに望みの在所があれば与えるともいっている。[28]小栗城を攻め落とした成氏は、享徳四年五月晦日「小山下野守(持政)館エ帰陣」した。[29]

幕府は成氏討伐を決め、駿河守護今川範忠を関東に発向させる。鎌倉に入った軍勢に対し、下野では宇都宮等綱が時を合わせて蜂起していた。足利成氏は、今川範忠に呼応して上杉方となった宇都宮等綱の討伐を、那須持資に命じている。

〔史料7〕[30]

宇都宮下野守等綱飜二先忠一企二野心一之段其聞候、若事実候者不日襲二来等綱在所一、可レ抽二忠儀一旨、相二談白河修理大夫一、同心仁致二忠節一候様廻二計略一候者、於レ抽レ賞者宜レ依レ望候、謹言、

(康正元年)七月廿九日　(足利成氏)(花押)

那須越後守殿

小栗城の戦いに敗れた長尾景仲は、下野に逃げ宇都宮等綱を頼ったものと思われる。康正元年(一四五五)十一月、足利成氏は、那須持資が塩谷安芸守の居城に合力の軍勢を派遣したことを賞している。[31]そして、成氏は康正元年十二月十八日には、那須持資が「等綱館」へ押し寄せ在陣したことを賞している。[32]

成氏は宇都宮氏を攻めてこれを破り、等綱らを陸奥の白河まで追い落とさせている。康正元年、等綱は成氏に降って出家して道景と号している。宇都宮等綱は小山持政を介して古河公方成氏に和議を働きかけた。持政が等綱に対する穏便な措置を求めたが、成氏は返答せず那須持資の考えを聞こうとし、また、茂木城の攻撃に那須・小山・宇都宮

氏の軍勢と常陸佐竹氏の軍勢を動員しようとしていたことが知られる(33)。道景は、翌康正二年には白川直朝を頼って奥州白河へ落ちのびたものと思われる。康正二年卯月五日付け足利成氏書状(34)に「宇都宮道景落所事」の文言が見えている。また、康正二年四月十九日付け足利成氏書状(35)にも「宇都宮道景入道落所事」の文言が見える。

宇都宮等綱は、一旦、成氏の軍門に降ったが、康正二年頃より再び反成氏の立場をとるようになる(36)。以後の等綱の行動は必ずしも明らかではない。等綱のあと宇都宮氏の家督をついだのは嫡子明綱である。明綱は成氏方となっていた。

この頃、那須持資にとっては憂慮すべき事態が起きていた。那須下庄の森田氏・向田氏の離反である。

〔史料8〕(37)

去年宇都宮江在二出陣一、数日陣労事度々被二仰出一候処、既茂木辺江罷越之間、使節不レ及二対談一帰参候き、仍茂木筑後入道謀略事、連々聞召候処、結句旧冬造意無二是非一次第候、可レ被レ任二申上旨一候、次森田・向田事年来其方同道、時宜一定候者宇都宮四郎江堅可レ被二仰付一候、謹言、

(康正二年)正月十六日　(足利成氏)(花押)

那須越後守殿

この件は、茂木筑後入道の謀略が原因とも見られるが、成氏がその始末を宇都宮明綱に命じていることから勘案すると、宇都宮氏もこの事件に関係していたもの思われる。この宇都宮四郎明綱は、父等綱が上杉氏・幕府方に参じたのに対し、一時、父子分裂状態となっていて、この時は成氏方となっていた。茂木氏は式部大夫持知が成氏方となり、持知の父の筑後入道知行は上杉方に意を通じて(38)、宇都宮等綱や南奥の白河結城氏と共に、反成氏方となっていた。那須氏の家臣である高瀬氏は、向田氏・森田氏の動きに呼応し、森田城ではない要害の地に新要害を築いて挙兵し、反

成氏の行動に出ている。(39) 森田の新要害は、高瀬氏の陰謀であり、宇都宮明綱がこれを攻め落とすよう命ぜられている。
また、成氏は、茂木氏の要害を昼夜攻めたてているが、まだ落城しないので宇都宮明綱に援軍を出すよう命じている。(40) そして白河へ敗走した宇都宮等綱の動きにも十分注意してほしいと述べている。(41) 那須持資は、すでに康正二年正月には、茂木辺まで出陣した。(42)

〔史料9〕(43)

以前以二等敏西堂一被レ仰候之処、雖二不始事一懇申上候、誠御悦喜候、殊去三日於二茂木一致二合戦一、親類家人数輩被レ疵候之由聞召候、御感悦之余、為二使節一被レ遣二興正寺一候、其口事憑思召候之上者、可レ然様廻二計略一候者、尤御大慶候、時宜巨細被レ仰二含天叟和尚一候、謹言、

(康正二年)三月六日　(足利成氏)(花押)

那須越後守殿

三月三日には茂木で合戦が行われ、持資の「親類・家人数輩」が疵を被っている。さらに、康正二年三月十五日には茂木城のすぐ近くに在陣し、何日も「矢軍」が行われた。(44) しかし、翌四月十九日になっても茂木城は持ちこたえていた。康正二年十二月、茂木城は落城しなかったが、茂木筑後入道知行の嫡男持知が足利成氏に帰順したことから、成氏は那須持資に茂木持知を大切に扱うよう命令している。(45) 古河公方足利成氏方の那須持資の軍勢を迎え撃ち、約五か月に及ぶ攻防戦でも落城しなかった茂木城は、かなり堅固な城であったといえよう。

那須持資は危機に直面する。父子が分裂して、敵味方に分かれて争っていた宇都宮氏が和睦して、成氏に抗するようになったのである。(46) まさしく那須持資は全く孤立してしまった。古河公方成氏は、いち早くこのことを察して、武州方面の援軍を至急発向させるから安心せよと激励していることが知られる。宇都宮氏を南から圧迫する成氏方の小

山持政は、下那須氏にとり、頼りとなる存在であったと思われる。

その後の経過については、史料的制約で詳らかでないが、森田氏・向田氏・下川井氏などの離反は、康正二年八月頃には解決したものと思われる(47)。

成氏は、上杉氏の征旗たる「天子の御旗」に対抗して、味方の諸氏に御旗を与えたことで知られる。足利成氏書状案(年欠十月二十八日)(48)によれば、その内の一流が那須持資に与えられている。那須宗家には源氏白旗二流(三三一センチ×六七センチ)、日ノ丸持小旗一流(青絹地、日輪部分は紙製。八八・八センチ×七二・七センチ)、丸に一文字旗一流(二五九・七センチ×八一・二センチ)が伝来したとされる(49)。残念ながら成氏の御旗は那須家に伝来していないようである(50)。

関東の動乱がいつ果てるともなく続いていた応仁元年(一四六七)、将軍家の家督争いや管領家である斯波・畠山・両氏の争いと有力守護大名の利権争奪が原因となって、応仁の乱が起こった。中央の動乱は地方にも波及して、戦乱はますます拡大していった。

応仁二年に、那須持資は古河公方と上杉氏との戦いに、天明(栃木県佐野市天明)に在陣している。応仁二年閏十月朔日付け那須越後守宛足利成氏書状(51)に「就㆓都鄙御合躰㆒、可㆑励㆓忠節㆒由、自㆓京都㆒被㆑成㆓御教書㆒候」と見える。足利成氏は那須持資に「都鄙御合体」の御教書が出されたことを伝え、兵義についてよく相談するよう求めている。

「那須文書」(52)に「仍京都註進当所事、当職由其聞候間、畠山右門佐尤可㆑然候」と見える。成氏は応仁の乱勃発後、西幕府と結んで「都鄙御合体」を実現しようとしていたものと思われる(53)。

「栃木県立博物館所蔵那須文書」に、年未詳卯月二十日付け那須越後守宛足利政氏官途状(54)、(永正八年カ)五月九日付け那須越後守宛足利政氏書状(55)がある。持資の没年が明応七年(一四九八)であることから(56)、これ等の文書の那須越後守は持資とは別人であると考えられる。従来の研究では、この那須越後守についての人物比定がなされてこなかったが、最近の研究で佐藤博信氏により那須政資に比定されたことは、注目される[57]。しかしながら政資は壱岐守を称したとされる[58]。「越後守」から「壱岐守」への改称は「上国」から「下国」への改称となり不自然である[59]。また、政資が史料に登場するのは天文八年(一五三九)頃からである[60]。永正八年(一五一一)から二十八年後である。これらのことから、佐藤博信氏の説は首肯できない。「那須氏系図」に記載された資持に比定されよう[61]。「越後守」は本宗那須氏の受領名であったが、古河公方足利政氏によって庶流の下那須氏が「越後守」を称したことが、公式なものとして追認されたものと解される。

三　上・下那須氏の和睦

享徳の乱勃発以来、古河公方足利成氏と、関東管領上杉氏・幕府・堀越公方の対立、という関東の内乱も、しだいに戦線が膠着化していたが、文明年代に入ると上杉方の攻勢によって大きく動き出すことになる。文明三年(一四七一)五月三十日付けで、足利義政が那須肥前守・那須越後守のそれぞれに与えた御内書写が残されている[62]。関東管領上杉氏は、文正元年(一四六六)二月十一日に上杉房顕が没すると、顕定が家督を継ぎ[63]、長尾氏は景仲にかわって景信が家宰として活躍した。

文明三年三月、足利成氏は小山持政・結城氏広・千葉孝胤等の諸将を従え、箱根山を越えて伊豆堀越の足利政知を攻撃したが、逆に大敗を喫して古河に帰城した[64]。上杉方は、この機会に成氏方を一気に打ち破ろうと、攻勢を強め、五月、長尾景信以下の軍勢が古河城を攻めたため、六月二十四日ついに落城した。そして、成氏は下総の千葉孝胤のもとに敗走した。しかし翌文明四年二月には、「無二の御所方」であった私市の佐々木・那須・結城氏等の協力で古河城を回復することができた。[65]

上・下那須氏の和睦に関連した史料を二点紹介する。

〔史料10[66]〕

結城近陣之調義、可レ為二近日一候、仍其方御出陣事、可レ申二意見一之由、長尾左衛門尉以レ使此方へ申候、自二京都様一連々被二仰下一候事候、於二関東一御忠節可レ然之由、能々可レ申之由、申越候、近陣候者、御出陣可レ然候、随而就二両那須和睦一、御越之由承候、尤候、早々無為之御計略簡要候、巨細定自二宝光寺一可レ有二御伝達一之間、不レ能レ具候、恐々謹言、

(文明三年)
九月五日　前下野守持政(花押)

謹上　白川入道殿

〔史料11[67]〕

態令レ啓候、抑自二去年夏一　公方様総州仁、被レ立二　御旗一候、於二此口一、氏広一人不レ違二累祖一、本意存候間、雖レ励二忠略一候、更無二其功一候、雖レ然御兵義相調、然之間　社家様御進発候、此度其方御忠節候者当家面目此事候、然間其方江被レ成二　御書一候、兼又那須肥前守与同越後守間事、数年不和子細候処、其方御調法故、無為候、無二是非一次第候、近日宇都宮江、押詰可レ致二調儀一候、那須両所御談合候者、可レ然候、以二其方御兵略一、公方様、被レ達二御本意一者、一家繁栄之基候、於二御申事一者、涯分可二申達一候、尚々此度御扶助憑存計候、公私安危可レ随二御覚悟一候、恐々謹言、

(文明四年)
二月三日　藤原氏広(花押)

謹上　白川入道殿

上・下那須氏は、この頃に和睦している。上那須の那須肥前守と下那須の那須越後守は「数年不和」であったが、白川直朝の「調法」で和睦が成立する。上・下那須氏の和睦に白川結城氏が関与していたことが知られる。年未詳の五月八日付け白川修理大夫入道宛足利成氏書状[68]に「両那須江可二申遣一之由」とあり、和睦後は上那須氏も成氏方となったことが知られる。

一方、文明三年九月には、それまで成氏方であった下野の小山持政、常陸の小田光重が、上杉方になったことが確認できる[69]。上杉方も、文明五年長尾景信の死去により山内上杉氏の家宰職をめぐって、景春（景信の子）と叔父忠景が対立し、ついに文明八年六月、長尾景春の乱が起こった。長尾景春は文明八年六月、武蔵鉢型城によって山内上杉顕定に叛いた。翌年、上杉方の武蔵五十子陣（埼玉県本庄市）は襲われ崩壊する。上杉定正・顕定等は上野の那波庄に引退した。扇谷上杉氏の家宰太田道灌は、体制を立て直し、長尾景春を武蔵用土原に攻めた。景春は敗れて鉢形城に退いた。成氏は同年七月景春の後詰として、自ら諸将を引率、上野滝に出陣した。

上・下那須氏も参加している。「鎌倉大草紙」[70]に「結城・両那須・佐々木・横瀬御供にて」と見える。「両那須」の表現は、結城氏条書[71]・沙弥禅芳書状[72]等でも確認できる。

むすびに

永享十年（一四三八）に比定される九月八日付け足利持氏書状の那須五郎は、従来、資重に比定されたきた[73]。しかし、資重は永享六年に没していることから、資重では有り得ない[74]。資重の後、越後守を称したことが確認できる持資に比定されよう。

寛正元年(一四六〇)十月二十一日付け将軍足利義政御内書写[75]の那須大膳大夫は、従来、那須資親に比定されたが[76]、文明三年(一四七一)五月三十日付け那須肥前守宛足利義政御内書写[77]が存在し、すでに文明三年段階で資親の先代明資が上那須氏の当主であったことが確認できることから、資親ではありえない。大膳大夫は、肥前守の父氏資に比定されよう。

那須氏庶流の下那須氏は、本宗那須氏である上那須氏が称した「越後守」の受領名を名乗ることを、ようやく資持の代になってから、古河公方足利政氏から公式なものとして追認されている[78]。この史実は、上那須氏との対抗上、古河公方足利氏と強く結びついた下那須氏の性格をよく表現している。

註

(1) 峰岸純夫「東国における十五世紀後半の内乱の意義」(『地方史研究』第六六号、一九六三年)。
(2) 伊藤喜良『東国の南北朝動乱　北畠親房と国人』(吉川弘文館、二〇〇一年)一六六頁参照。
(3) 千田孝明「足利成氏花押研究ノート―那須文書を中心として―」(『栃木県立博物館研究紀要』第八号、一九九一年)。
(4) 江田郁夫「持氏期の那須氏―持氏による下野支配の展開―」(羽下徳彦編『中世の地域社会と交流』吉川弘文館、一九九四年)、同「享徳の乱と那須氏」(『戦国史研究』第二九号、一九九五年)等。
(5) 「御内書案」六号、足利義政御内書写(『栃木県史』史料編・中世四、栃木県史編さん委員会、一九七九年〈以下『栃木』中世四と略す〉)。
(6) 「御内書符案」一九号、足利義政御内書写(『栃木』中世四)。
(7) 『那須文書』(栃木県立博物館、一九八八年〈以下『那須』と略す〉)所収「那須系図1」。

（8）註（4）江田論文「享徳の乱と那須氏」は、系図類の那須資持は那須持資の誤りであるとする。しかしながら、系図に当主の名を誤って記載することは考えられない。むしろ持資の名が系図から欠落していると考える方が自然である。「鑁阿寺文書」四七五号、前越後守持資書状（『栃木県史』史料編・中世一、栃木県史編さん委員会、一九七三年）を、佐藤博信氏は『中世東国の支配構造』（思文閣出版、一九八九年）二二八頁で「『栃木県史』は太田持資書状としているが、これは過去における鑁阿寺の推定、太田持資書状なる包紙の存在をそのまま踏襲された結果と思われる。しかし、署判などのあり方から那須越後守資持《ママ》のものと考えられる」とされている。
しかし「鑁阿寺文書」の持資と「那須系図」の資持は別人と考えられる。筆者は、系図に両人が一人の人物として混同して書かれたものと考えている。すなわち、各種の「那須氏系図」から持資の名が欠落しており、持資は、資重と資持の間に入る人物と考えられる。

（9）「白河證古文書中仙台白河家蔵文書」那須氏資書状（『白河市史』五巻　古代・中世　資料編2、福島県白河市、一九九一年〈以下『白河』と略す〉五二二号）。

（10）『福島県の地名』（日本歴史地名大系第七巻、平凡社、一九九三年）「東白川郡古殿町」の項、三三四頁参照。

（11）『御内書案・御内書引付』（東京大学史料編纂所所蔵）足利義政御内書写。

（12）『御内書案・御内書引付』（東京大学史料編纂所所蔵）足利義政御内書写。

（13）「御内書案」一六号、足利義政御内書写（『栃木』中世四）。

（14）「御内書符案」一九号、足利義政御内書写（『栃木』中世四）。

（15）「那須文書」足利成氏書状（『那須』三五号）。

（16）『御内書案・御内書引付』（東京大学史料編纂所所蔵）足利義政御内書写。

(17) 註(13)と同じ。
(18) 「鑁阿寺文書」肥前守(那須)明資書状写(東京大学史料編纂所所蔵)。
(19) 「那須文書」足利持氏書状(『那須』一・二号)。
(20) 「那須文書」三三・三四号、足利持氏書状(『栃木県史』史料編・中世二、栃木県史編さん委員会、一九七五年)は、那須五郎を「資重カ」としている。
(21) 渡辺金助『増補那須郷土誌』(ヨークベニマル、一九九四年)所収「藤原姓那須家之系譜」の資重の項に永享六年八月八日卒とある。
(22) 「那須文書」足利成氏書状(『那須』八号)、「那須文書」足利成氏書状(『那須』一九号)等。
(23) 「鑁阿寺文書」前越後守(那須)持資書状写(東京大学史料編纂所所蔵)。
(24) 「武家事紀所収文書」足利成氏書状写(『古河市史』資料　中世編、古河市史編さん委員会、一九八一年)二一二号。
(25) 「那須文書」足利成氏感状(『那須』一六号)。
(26) 「那須文書」足利成氏感状(『那須』一六・一二三号)。
(27) 「那須文書」足利成氏充行状・足利成氏書状(『那須』八・三二号)。
(28) 「那須文書」足利成氏書状(『那須』一三号)。
(29) 「武家事紀所収文書」二号、足利成氏書状写(『栃木』中世四)・「正木文書」一一号、足利成氏書状写(『栃木県史』史料編・中世三、栃木県史編さん委員会、一九七八年)。
(30) 「那須文書」足利成氏書状(『那須』三四号)。
(31) 「那須文書」足利成氏書状(『那須』二六号)。

(32)「那須文書」足利成氏書状(『那須』四〇号)。
(33)「那須文書」足利成氏書状(『那須』三九号)。
(34)「那須文書」足利成氏書状(『那須』三三号)。
(35)「那須文書」足利成氏書状(『那須』一八号)。
(36)「那須文書」足利成氏書状(『那須』一七号)。
(37)「那須文書」足利成氏書状(『那須』五号)。
(38)「那須文書」足利成氏書状(『那須』五・三七号)。
(39)「那須文書」足利成氏書状(『那須』一八・四二号)。
(40)註(35)と同じ。
(41)註(36)と同じ。
(42)註(37)と同じ。
(43)「那須文書」足利成氏書状(『那須』二四号)。
(44)「那須文書」足利成氏書状(『那須』三八号)、清宮秀堅『下総国旧事考』(清宮利右衛門、一九〇五年)。
(45)「那須文書」足利成氏書状(『那須』三七号)。
(46)「那須文書」足利成氏書状(『那須』二一号)。
(47)「那須文書」足利成氏書状(『那須』一二号)。
(48)「那須文書」足利成氏書状案(『那須』補遺六号)。
(49)栃木県立博物館『栃木県立博物館調査研究報告書「那須家資料」』(二〇〇三年)。

(50)『改訂増補大武鑑』上巻(橋本博、名著刊行会、一九六五年)に武田信長に与えたという成氏の御旗が紹介されている。それによれば、御旗の規模は長さ七尺二分、幅は四尺一分で、白錦に金箔の日輪と墨書の桐が描かれている。

(51)「那須文書」足利成氏書状(『那須』二九号)。

(52)註(44)と同じ。

(53)佐藤博信『古河公方足利氏の研究』(校倉書房、一九八九年)第一部第二章第六節「都鄙和睦の成立と特徴」を参照。

(54)「那須文書」足利政氏官途状(『那須』六六号)。佐藤博信氏は『中世東国足利・北条氏の研究』(岩田書院、二〇〇六年)七一頁で「那須氏がこれ以後越後守を名乗ったものとみなされる」としている。

(55)「栃木県立博物館所蔵那須文書」足利政氏書状(佐藤博信編『戦国遺文 古河公方編』(東京堂出版、二〇〇六年)三六四号。

(56)『改訂増補大武鑑』上巻所収の「応仁武鑑」は、那須越後守資持《(ママ)》の生年を永享四年、没年を明応七年五月六日としている。これは、「那須氏系図」と同様に持資と資持が混同されて記載されたものと思われる。生年の永享四年、没年の明応七年は、持資のものと考えたい。

(57)佐藤博信「室町戦国期の下那須氏に関する一考察—特に代替わりを中心に—」(『戦国史研究』第五五号、二〇〇八年)。

(58)「那須系図1」(『那須』所収)の政資の項。

(59)二木謙一「室町幕府の官途・受領推挙」(『中世武家儀礼の研究』吉川弘文館、一九八五年)を参照。令制では国守の地位は低く、大国の守が従五位上、上国の守は従五位下、そして中国の守が正六位下、下国の守ともなれば従六位下であった。ところが室町期になると国によっては守の地位が上昇し、たとえば武蔵守・相模守・陸奥守は四位に、讃岐守・伊予守・阿波守は正五位に相当されたとされる。
(60)「大縄久照文書」佐竹義篤書状(『茂木町史』第二巻　史料編1　原始・古代中世、茂木町史編さん委員会、一九九七年〈以下『茂木』と略す〉一二三号)、「白川文書」小山高朝書状(『茂木』一二四号)。
(61)「那須系図2」(『那須』所収)の資持の項に「太郎越後守」とある。
(62)「御内書符案」一九・二〇号、足利義政御内書写(『栃木』中世四)。
(63)『国史大辞典』上杉顕定の項を参照。
(64)「鎌倉大草紙」(『新編埼玉県史』資料編8　中世4　記録2、埼玉県、一九八六年〈以下『埼玉』と略す〉所収)。
(65)「鎌倉大草紙」(『埼玉』所収)。
(66)「国学院大学白河結城文書」小山持政書状(『白河』六一一号)。
(67)「東京大学白川文書」結城氏広書状(『白河』六一七号)。
(68)「国学院大学白河結城文書」足利成氏書状(『白河』六四三号)。
(69)「御内書符案」四二号、足利義政御内書写(『栃木』中世四)。
(70)「鎌倉大草紙」(『埼玉』所収)。
(71)「東京大学白川文書」結城氏条書(『白河』六五五号)。
(72)「仙台結城文書」沙弥禅芳書状(『白河』六一八・六一九号)。
(73)註(20)と同じ。
(74)註(21)と同じ。
(75)註(5)と同じ。

(76) 『宇都宮市史』中世通史編(宇都宮市史編さん委員会、一九八一年)。

(77) 註(6)と同じ。

(78) 註(54)と同じ。

上・下那須氏統一に関する一考察

はじめに

永正三年(一五〇六)から同十五年四月にかけて、古河公方足利政氏とその嫡子高基とは三次に亙る抗争を展開し、高基が勝利し新たな古河公方の地位を獲得する。(1)上・下那須氏も否応なく政氏・高基の抗争に巻き込まれていく。高基の室は宇都宮成綱の女(忠綱の妹)(2)であり、宇都宮氏と密接な関係にあった。上那須氏資親の女は宇都宮成綱に嫁し忠綱の母となっていた。上那須氏の資親・資永は当初、宇都宮氏と婚姻関係にある高基派に与していた。高基が宇都宮氏の軍事力を重要視したのに対し、政氏は下野周辺の佐竹・岩城・南奥の白河結城氏等と結んで対抗しようとした。下那須氏の資実・資房は政氏派に属した。(3)

当該期の上・下那須氏統一に関する一考察期の先行研究には、荒川善夫氏の「那須氏と那須衆」(4)があるが、概説的な記述にとどまっている。

上那須氏は政氏・高基抗争の状況下、滅亡する。定説では、この後、永正十三年に下那須氏の資房が上・下那須氏を統一したとされている。(5)しかしながら現在迄の研究では、上・下那須氏統一の実態がどのようなものであったかについて十分な考察がなされていない。上那須氏の家臣であった大関氏・芦野氏・伊王野氏等の那須上庄の諸氏と那須氏（上那須氏が滅亡した以後の下那須氏については、那須氏と表記する）との関係について触れた論文も、管見の限り見あたらない。那須氏と那須上庄の諸氏との関係について、天文十五年（一五四六）の那須高資時代の家臣団構成や天文十八年の五月女坂の合戦をとおして見てみたい。那須上庄の諸氏との確執の時代を経て、那須氏は戦国大名[6]として発展していくことになる。

そこで本論は、上那須氏の滅亡の時期を明確にすること、そして上那須氏の滅亡後、永正十三年に下那須氏の資房が上・下那須氏を統一したとする定説の再検討することを目的としている。

一　上那須氏の内訌

寛正六年（一四六五）上那須氏の明資は、塩谷安芸入道並同周防守要害に馳せ向かいたびたび戦功をあげたことにより，将軍足利義政から賞されている。[7] 明資が早世すると、弟の資親が上那須氏の当主となった。資親は氏資の三男である。[8] 資親は三人の女子に恵まれた。長女を宇都宮成綱に嫁がせ、宇都宮氏と婚姻関係を結んでいた。[9] しかし資親は男子に恵まれなかった。氏資の室は白河結城氏から入り、女子の一人は白河結城氏に嫁していた。[10] 縁戚関係にあった南奥の白河結城氏から養子を取り家名の存続を計ることにした。すなわち資永（政朝の次男、顕頼の弟）である。

〔史料1〕[11]

如レ仰改年御慶雖二事旧候一、尚以弥重々々不レ可レ有二際限一候、抑馬一疋（鹿毛駮 印雀目結）牽給候、祝着候、熊馬一疋（蘆毛印 雀目結）進レ之候、誠表二祝儀一計候、仍旧冬那須大膳大夫（資親）方遺跡事御息被二相定一候歟、目出大慶候、諸余重可レ啓候、恐々謹言、

正月廿八日（文明末年頃カ）　藤原（宇都宮）成綱　（花押）

謹上　白川（政朝）殿

これによると、白川政朝の息子が那須資親の養子となることが決定したことを喜び、上那須氏と白河結城氏が縁戚関係になることから、宇都宮氏が白河結城氏と友好関係を築こうとしていたことが知られる。「文明末年頃カ」はこの史料を載せる『白河市史』の推定である。資親の養子となる資永の生年は不明である。顕頼の生年が文明二年（一四七〇）頃と考えられている[12]。仮に、弟の資永が顕頼の二歳年下とすると、文明末年頃は十四歳となる。一方、資親の生年も不明である。『那須記』は資親の没年を永正十一年とする。仮に、七十歳で没したとすると、文明末年頃は四十二歳となる。『白河市史』の史料1の「文明末年頃カ」の年次比定はほぼ妥当な推定であろう。資永の妻となるのは資親の二女である[13]。また、資親の三女は那須一族沢村三郎に嫁している[14]。

〔史料2〕[15]

如レ仰三春之吉兆、尚更不レ可レ有二盡期一候、抑旧冬那須大膳大夫（資親）方其方江罷越、名代之事、被レ申候処、御孫子被二相定一候歟、目出大慶候、然而黒羽へ御越之由承候、兵儀（評）以下御直談候哉、肝要至極候、御調儀之時節、預二一左右一当方にも可レ致二其搖一候、仍御馬一疋鴾毛印雀目結送賜候、祝着候、熊太刀一腰白作鞍一口大坪進レ之候、表祝儀計候、

恐々謹言、

二月十一日（応永末年頃カ）　藤原（宇都宮）成綱（花押）

謹上　関川院（直朝）

関川院は資永の祖父である。当時、資親は福原城（大田原市福原）に居城していた。資永は那須に入った当初は、史料2に「黒羽へ御越之由承候」とあることから福原城の出城である山田城（旧那須郡黒羽町大字片田）[16]に在城していた

ものと考えられる。当時はこの城が黒羽城と呼ばれていたようである。[17] 近くには大関氏の山田館（大関城）[18]、那須一族金丸氏の金丸氏要害があった。[19]

〔史料3〕[20]

御書謹以拝見仕候、畏入奉ㇾ存候、抑就二宇都宮御退治一、可ㇾ抽二忠節一段、被二仰出一候、可ㇾ存二其旨一候、仍　上意之趣那須太郎（資永）方江可二申届一候、以二此旨一可ㇾ預二御披露一候、恐々謹言、

（永正四年）[21]正月八日　　弾正少弼政朝

進上　御奉行所

永正四年（一五〇七）段階では、上那須氏の当主は資親から資永に代替わりしていたことが知られる。資永は上那須氏の当主になると、山田城から福原城に移住したものと考えられる。資永の実父政朝は、古河公方足利政氏・高基の第一次抗争に際し、政氏派に属していた。高基派の総帥宇都宮氏の「御退治」に同調して、政氏の上意の趣を那須太郎へ申し届けようと述べていることが史料3によりわかり，資永は、資親とともに政基派に属していたことが知られる。

資親の長女が宇都宮成綱の室となり忠綱の母となっていたことから、上那須氏は古河公方足利政氏・高基の第一次抗争に際して、当初は宇都宮成綱・忠綱父子や奥州の伊達稙宗の支援する高基派に与していた。資永が上那須氏の当主となると、実父白川政朝が政氏派に与しており、その影響もあってか、高基派から政氏派に立場を変えていく。永正十一年七月二十八日付けで、高基派の宇都宮忠綱が同じく高基派の伊達稙宗に、「両那須口」の攻撃を依頼していることからそのことが知られる。[22]

資永の上那須氏の当主としての活動が確認できる永正四年の数年後、隠居の資親に男子が誕生する。資久である。

資親は、かつて資永が居城していた山田城に資久を住まわせ、近くに居った金丸肥前守・大関美作守宗増に守役を命じたという。『黒羽町誌』はその年代を永正六年としており首肯できる。(23)

永正七年九月に政朝は、庶流の小峰氏との内訌により白河を放逐されて、実子の資永を頼り那須に落ちてくるのである。『会津塔寺八幡宮長帳』の永正七年九月条に「白川殿ハ上なすへおち」と見える。(24)この頃、那須資永は上那須氏の当主として、両那須氏の中心的存在となっていたと思われる。

やがて永正十一年に資親が没すると、資永と資久の跡目論が起こり、上那須氏は資之から五代で滅亡する。『那須記』はその年代を永正十一年八月三日としている。(25)この後、八月中旬岩城・佐竹勢が障害なく上那須の地を通過し宇都宮領に攻め込んでいることを勘案すると、(26)『那須記』の説は首肯できる。上那須氏が滅亡したことから関連史料は残されていないが、資永の出身の白河結城氏の史料は、次のように伝えている。(27)

初那須資親無レ男。養二顕頼弟一為レ婿。継二家名一資永。後資親生二男資久一。欲レ令下資久為中家督上。遺言三於二大田原出雲守一。其子備前守曰。我没後必令二資久継一レ家。由レ是大田原急攻二福原城一。資永計レ策。遣二士卒七八人一。暗夜至二黒羽城一。放二火于東櫓一。乗二其騒乱一。潜二入自二西河岸一。懐抱二資久一。還二福原城一。与二大田原一相戦。終負刺二殺資久一而自殺。

上那須氏の滅亡により那須上庄は権力の空白地帯となり、宇都宮氏・白河結城氏・岩城氏等の領土的野心の対象となった。資久の姉婿の宇都宮成綱も、宇都宮一族で資久の跡を継ぐことを望んだという。(28)そして高基派の宇都宮氏、政氏派の佐竹・岩城・白河結城氏の争奪の地となっていく。那須上庄の覇権を目指し佐竹・岩城氏の連合軍と宇都宮氏が激突する。佐竹・岩城氏の連合軍は上那須庄を蹂躙し、宇都宮忠綱の領内深く竹林(宇都宮市竹林町一帯)まで進軍している。(29)足利高基は佐竹・岩城勢が那須口出張、その後古河城を攻撃するとの風聞から、八月十四日付けで千葉介勝胤に出陣を要請している。[30]

八月十六日に岩城由隆・佐竹義舜（政氏方）と宇都宮忠綱（高基方）の戦闘が行われた。宇都宮忠綱は常陸の結城政朝の援軍を得て、宇都宮の竹林で岩城・佐竹勢を破り、撃退に成功している。足利高基は九月一日付けで宇都宮氏の重臣芳賀助四郎に感状を与えている。[31]また、那須資永の出身である白河結城氏も岩城氏に同心して出陣している。[32]非業の最後を遂げた資永の無念を晴らす意味もあったのであろう。佐竹・岩城氏等の軍事的圧力に脅威を感じる大関・大田原氏等の上那須の諸氏は、那須資房を頼ることとなった。資房は山田城に嫡子の政資を置き、上那須の諸氏を統括することにした。

永正十三年六月二十六日にも、那須の浄法寺なわつるし（那須郡那珂川町大字浄法寺縄釣台）で、再び岩城由綱・佐竹義舜軍と宇都宮忠綱軍が戦っている。[33]佐竹・岩城勢は、再び撃退されている。那須資房は、上那須の諸氏の領地を守るためにも宇都宮忠綱に合力したものと考えられる。滑川対馬守・石井縫殿助の両名は、那須陣及び月居城（茨城県大子町袋田）の籠城戦の働きを認められ、佐竹義舜から官途をあたえられている。[34]

宇都宮忠綱の側近的家老永山忠好は、永正十一年・十三年の戦いに勝利できたのは伊勢神宮の御加護によるものとし、伊勢神宮の御師佐八氏の祈禱に対する御礼の書状を佐八氏に書いている。[35]

上那須の諸氏は、佐竹・岩城氏の外圧に際して、独立した戦国領主として那須資房の指揮下に入ったのである。

二　下那須氏の動向

下那須氏は、隣国常陸の佐竹氏と庶流の山入氏の抗争に介入している。文明十年（一四七八）、山入義知が佐竹義治の三男義武の守る久米城（常陸太田市久米町）を攻撃してこれを奪った際に、那須持資は援軍をだして山入氏に加勢している。(36)

〔史料4〕(37)

今度義舜為二御合力一、長倉口江可レ有二御動一之処承候由、茂木上総介方被レ申二越一候、快然之至候、然者長倉遠江守（義尚カ）相抱候当知行、御成敗不レ可レ有二相違一候、猶此上急度御動肝要候、就レ中、岩城、向二小野崎山城入道要害一張レ陣之時分与申、此刻被レ合二御調儀一候者専一候、猶以早々御合力者始末共可二申談一覚悟候、御同意本望候、巨細茂木上総介方可レ被二申届一候、恐々謹言、

（明応元年）七月十九日　　右京大夫義舜（花押）

謹上　那須左衛門太輔（資実）殿

山入氏の下剋上により本拠太田城を追われた佐竹義舜は、支配権奪還を計り、明応元年（一四九二）山入方与党の長倉城（常陸大宮市長倉）を攻めるに際し、長倉氏の所領を割譲することを約し、那須資実の支援を受けていたことが、(38)史料4により知られる。その一方で、資実は女子を山入氏義に嫁がせている。(39)

〔史料5〕(40)

「（端裏）（切封墨引）」

（喜連川）来烈川事、去年被レ下二御判一候き、雖レ然、塩谷九郎以二謀略一乗取候間、彼仁方へ被レ成二御書一候故、不レ可レ有二恐怖一候、為二意得一被二仰出一候、仍而来烈川不慮儀候者速合力可レ然候由、伊予守（那須資実）方へ被二仰出一候、同心ニ可レ存二其旨一候、謹言、

（永正七年カ）十月十二日

（足利政氏）
（花押）

那須民部（頼実）少輔殿

これは、古河公方足利政氏とその嫡子高基が抗争を展開し、政氏が資実の次男頼実（資房の弟）に与えた書状である。「来烈川不慮儀候者速合力可レ然候由、伊予守方へ被二仰出一候」とあることから、那須伊予守資実が政氏派であったことが知られる。永正六年に足利政氏は喜連川のことについて御判を下していた。『那須記』によれば、永正六年六月、那須資房と塩谷郡川崎城主の塩谷孝綱間に隙間を生じ、資房が孝綱の家臣大貫増長・油井利宗等を那須方に勧誘していたが、これを疑った孝綱が増長・利宗等に二心なき旨の誓書を提出させたという(41)。具体的な事実関係は不明であるが、史料5と何らかの関係があるものと考えられる。この時から間もなく、永正九年頃に資実から資房への代替わりが行われたと思われる。

〔史料6〕(42)

宇都宮下野権守（忠綱カ）并那須左衛門督（資房カ）和睦事、致二調法一之由聞食候、尤候、尚々無為之段目出度候、謹言、

十二月九日（永正九年カ）　（足利政氏）（花押）

茂木上総介（治重カ）殿

代替わりから間もなく下那須氏・宇都宮氏間に確執があり、茂木氏が和睦に尽力し政氏から賞されている。宇都宮氏では、永正九年四月、宇都宮成綱が芳賀景高を殺害するという「宇都宮錯乱」が発生している(43)。この内紛の責任を取る形で成綱は隠居し、嫡子忠綱が宇都宮氏の当主となっていることから、史料6は永正九年頃のものとおもわれる。

〔史料7〕(44)

此度御陣労以レ使可二申届一之由存候処、示給候、快然候、

一参陣之事、以二町野方一被二仰出一候、重被レ成二御書一候、如何様岩城相談御請之事、可二申上一候、
一下之庄之面々懇切二可レ被二相談一之分二候歟、於二当方ハ無二余儀一候、御懇候ハん事肝要候、
一証人之事其分竹隠軒へ可二相届一候、将又判形河連次郎右衛門尉二進レ之候、巨細彼口上申含候、恐々謹言、
（永正十一年）八月晦日　（佐竹）義舜（花押）
茂木筑後守（持知）殿

永正十一年八月に上那須氏が滅亡すると、那須上庄は周辺諸氏の領土的野心の対象となり、政氏派の岩城・佐竹氏と高基派の宇都宮氏が覇権を争い激突する。

永正十一年八月、佐竹義舜は、岩城常隆・由隆父子と相談の上、古河公方足利政氏の命令を受けて出陣することを茂木筑後守持知に伝えている。那須下庄（那須資房）との友好関係の維持の重要さを述べ、証人を岩城氏の重臣岡本竹隠軒に提出すること等を、茂木持知に指示している。

〔史料8〕(45)

就二湯治一懇被レ申候、喜入候、仍馬到来、目出候、巨細佐々木隠岐守可二申遣一候、謹言、
（永正十三年）八月廿八日　高基（花押）
那須修理大夫（資房）殿

永正十三年には、政氏・高基抗争が高基派の優勢のもとに推移すると、那須資房は政氏派から高基派へと立場をかえている。そして高基から資房は書状を遣わされている。

永正十三年、岩城・佐竹軍が那須上庄に侵入し、宇都宮忠綱軍と上那須の浄法寺なわつるしで交戦し、宇都宮軍が岩城・佐竹軍を撃退している。(46)この時、宇都宮忠綱は那須資房の支援を得ていたものと考えられる。永正十三年七月

四日付け佐竹義舜官途状写「此度於二那須陣一動申候、幷月居へ馳籠」(47)とあり、宇都宮軍が常陸の月居城まで佐竹軍を追撃したことが知られる。

定説(48)によれば、永正十三年に資房が、上・下両那須氏を統一したとされている。その後の那須氏の動向から、その実態に迫ってみたい。

まず、資房の後は政資が継いだ。政資と佐竹義篤が親交のあったことは、次の書状により知られる。佐竹義篤書状(49)に「政資より度々承候間、この度出番・いり番の人しゅを以可レ動候」とある。

『那須譜見聞録』『白河古事考』(50)『続武家閑談』(51)等の伝承によれば、永正十七年、翌大永元年（一五二一）にも白河結城氏・岩城氏が那須氏を攻撃したといわれる。『那須記』巻七(52)によれば、那須資房は上川井城（那須烏山市上川井）に入り、資房の子政資が烏山城を守ったという。大永元年、上川井城は岩城・宇都宮氏等の連合軍に攻撃されたが十日間たっても落城せず、岩城氏は烏山城に向かったという。そして、壬生の壬生徳雪斉の進言で和睦したという。関連史料として、那須資房充行状(53)・宇都宮俊綱官途状写(54)がある。

岩城・那須氏間の和睦がなり、岩城常隆の女子が政資に嫁したという。「那須氏系図」(55)高資の項に「母、岩城常隆女」とある。

天文年間の那須氏が登場する史料を見てみたい。

〔史料9〕(56)

雖二未申通候一令レ啓候、抑当国之様体、定而可レ有二其聞一候歟、壬生中務太輔、累年慮外之儀増進之上、向二彼在所一、両三ヶ年成レ動候砌、宇都宮家中相分、芳賀右兵衛尉申寄候間、相談候処、俊綱（宇都宮）須臾之間ニ、替二覚悟一、右兵衛尉生涯之儀、逼塞顕形ニ附而退散、号二児山（下野市下古山）一地ニ指籠、令二防戦一候刻、皆川弾正少弼（成勝）、合力之事、依二相歎候一雖下及二引汲一候上、散々地利、就レ中従二当地一打越之事候間、樫々与不レ加レ力候之条、覚外此事候、然者小田政治以二意見一出城、以来も那須高資・塩谷伯嗜(ママ)守方父子弓箭之筋目同前、至レ于レ今申合候、結城政勝、去春正月以往、宇都宮へ、不レ軽(憚カ)以二題目一、被レ及二事切一候、然者、令二調談一宮(宇都宮)中甚近辺へ数ヶ度成レ動、不レ残二一宇も一打散候、壬生口之事者、去三月十八、淡志河之地へ被レ懸、終日相責及二極晩一落居、為レ始二城主一、五百余人討捕候き、近日猶以動無二油断一候、彼江本意不レ可レ有レ程候、仍自二俊綱一結城、当方へ無為之儀、可レ被レ加二御下知一之由、様々被レ奉二詫言一候故、一両篇被レ成二御使節一候つ、不レ安以二遺恨一、互鉾楯之上、速不レ被レ応二上意一之段、一旦有二御納得一、以二御寛宥之儀一、漸被二仰出一候者、強而自由之儀、不レ可レ有レ之候之処、去五月不日仁当口へ御進発被レ転二先当忠一、如レ此之御刷、歎而も有レ余計候、結句北条左京大夫(氏綱)足軽以下可レ被二召出一、御結講(ママ)前代未聞、都鄙之褒貶浅間敷迄候、縦令豆・相州之人数乱入之義、山内(上杉憲政)・扇谷(上杉朝定)依レ無二庶幾一、氏綱思惟之上、此口何斗も、無レ之分候、此等之義も、宇都宮方所行故候、誠言宣不レ及レ之次第候、雖レ然御帰座已後、御免許之事、頻而申上候ニ附而、御内義被二聞召分一候、御様体承及候、然聞境之地被レ静候、兼又其口弥義候者、回章可レ為二欣然一候、毎事期二来信之時一候、恐々謹言、

七月(天文七年)廿八日　　高朝(小山)(花押)

白川(義綱)殿

小山高朝は白川義綱に対して、宇都宮俊綱と対立し那須高資・塩谷由綱父子と引き続き同盟関係にあると、伝えている。諸氏間の対立抗争、諸氏内部の内紛が複雑に連動していたことが知られる。また、この史料9によれば、宇都宮俊綱が、古河公方足利晴氏に小山・結城氏との講和の斡旋を依頼し、これを受けて晴氏は一両度使節を送り調停に動いたが、小山・結城氏は納得せず、五月に晴氏は小山・結城領に北条氏綱輩下の伊豆・相模の軍勢を発向させるこ

ととしたとし、これに対し、山内・扇谷の両上杉氏が難色を示したので、「氏綱思惟之上」、晴氏が軍を返したので、大きな戦火に発展することなく事なきをえたという。天文七年（一五三八）七月段階の北関東の政治情勢をよく伝える史料である。

　天文七年十月の第一次国府台合戦を経て、古河公方足利晴氏・北条氏綱対、関東管領山内上杉憲政・扇谷上杉朝定の対立が顕在化する。天文八年、このような関東の政治状況に連動し、那須氏に内紛が勃発する。政資（那須上庄）・高資（那須下庄）父子が対立して、周辺の諸氏を巻き込み一大武力抗争事件となった。

〔史料10〕[57]

其以二往返一途不自由仁附而、不レ能二音問一候、素意之外候、抑佐竹・小田・宇都宮被レ談二政資（那須）一為二引汲一、去月廿一出陣、至二于近日一者烏山（那須烏山市）甚近辺へ被二押詰一候、雖レ然那須屋裏、過半高資（那須）相守候故、近日堅固之由其聞候、然者別而被二相談一候条、遠近無二其隠一候、此砌岩城有二調談一被レ抜二本意一候様、被二取成一候者可レ然候、高資へ一旦申含候上、吉凶共彼進退可レ為二同前一候、政勝（結城）へも始終之義手堅申二閉目一候、皆川両人事者不二申及一候、然而去十八自二結城一為二後詰一宮（宇都宮）領蓼沼（河内郡）小屋、其外在々所々被二打散一候、其已後上三川（河内郡）江数ヶ度被レ及レ行候、自二当口一も去十四宮中宿際・贅木尽打散候、宇都宮成二生城計一候上、従二其口一之御行半延候者、千言万句も不レ可レ有二其曲一候、毎事期二後音一候、恐々謹言、

十月（天文八年）十八日　　高（小山）朝（花押）

白川（義綱）殿

　この史料10から、佐竹義篤・小田政治・宇都宮俊綱の軍が政資に味方し、高資が守る烏山城を攻撃したことが知られる。佐竹氏の伝承によれば、烏山城の守りが固く、抜くことができず、佐竹義篤は引き返している。[58]史料10と次の

那須高資時代の家臣団分類表

金額 地名	5貫文～1貫文	900文～500文	400文～200文	200文未満
下庄	千本殿 同讃岐殿 高瀬 大田原三川 熊田殿 稲沢殿 下川井殿 輿野殿	杉山殿　角田 おくそう殿 滝田彦十郎 千本下総殿 熊田将監 大わく殿	田辺殿　熊田但馬 つつきや殿 まぎのとの かりうた殿 井上　大嶋 いわさき　鹿子畑 入江野殿　滝田殿 小河原　岡下総守･同豊前守 鈴木若狭	田辺源右衛門 上川井殿　戸田殿 金枝殿 輿野伊勢守・同美濃守・同蔵人正 高瀬左京 志鳥右衛門
酒主			黒羽様 五月女左京 御堂内 金枝新九郎	秋元越前　森監物 大窪九兵衛 秋元左京 秋元下総 熊田右京 佐藤新右衛門 中沢
上さかい			大谷兵部少 さわむら 角羽伊豆守 阿久津備中 瀬野尾雅楽	大嶋伊勢守 わく二郎へもん 池沢尾張 高瀬勘左衛門 かくい新右衛門 秋元助右衛門 大町助左衛門
下さかい			ゆの木右京 小林左京	大町民部少 須藤若狭 須藤加賀守 小森豊前守 国井修理　関根但馬
木須		上白久 阿久津弥五郎殿	大関左京 川俣 うしすむぎ	荻目　長山大学 黒羽帯刀　大窪左京 板橋かたふん　片分 下白久　鈴木孫七 須藤孫左衛門 長山和泉　沼井右衛門佐 大久保惣兵衛

史料11を勘案すると、政資を支持したのは宇都宮俊綱・壬生綱雄・小田政治・佐竹義篤であり、高資を支持したのは小山高朝・結城政勝・芳賀高経・塩谷由綱・皆川成勝・皆川忠宗・白川義綱・岩城重隆と整理される。この時期再び、那須氏は山田城(大田原市)の政資と烏山城(那須烏山市)の高資という那須上庄・那須下庄に分裂していたのである。山田城はかつて、永正十三年の岩城・佐竹軍が那須上庄に侵入した際に、資房が上那須の諸氏を統括するため嫡男の政資を在城させた由緒ある場所である。政資と高資が対立した際には、那須上庄の諸氏は政資に味方したものとみて間違いあるまい。

関連史料から、那須氏の内紛は天文十一年中に和睦が成立したと思われる。そして政資から高資への代替わりは天文十三、四年頃の冬に行われたとみられる[59]。

次に、上・下那須氏の統一について考察したい。天文十五年七月二十三日に亡くなった政資[60]の法要香銭注文写が残されている[61]。「那須高資時代の家臣団分類表」として整理してみた。

定説では永正十三年に上・下那須氏を統一したとされる資房の孫の代高資時代の、那須氏家臣団を反映していると考えられる。一見して明らかなことは那須上庄の諸氏、すなわち大関氏・大田原氏・芦野氏・伊王野氏・福原氏の名がないことである。これらの諸氏は上那須氏の家臣ではあったが、下那須氏の家臣であったわけではない。すなわち資房時代すでに上・下那須氏は統一されていたというが、その実態は下那須氏の限界を背負ったまま那須氏になったといえよう。すなわち、上那須氏の家臣団を解体・編成替して自己の家臣団に取り込むことに成功していない。つまり、上那須氏が滅亡した時点で、大関氏・大田原氏・芦野氏・伊王野氏・福原氏は独立した戦国領主になったといえよう。

三　五月女坂の合戦

那須上庄の諸氏と那須氏を結び付ける契機となったのが五月女坂の合戦である。宇都宮氏という外圧に備えるために団結が求められたのである。史料を見てみたい。

〔史料11[62]〕

此度喜連川（塩谷郡）五月女坂合戦ニ、無二比類一手柄之段感入候、依レ之新城白子百貫文之所、為二加増一宛行者也、

天文五年

十月七日　　　　続義（二階堂）（花押）

石井上総殿

〔史料12[63]〕

去四日、於二喜烈川（塩谷郡）一遂二一戦一候之処、抽二粉骨一相動被レ疵之条、誠感悦之至候、謹言、

（天文十四年）十月十日　　　　俊綱（宇都宮）（花押）

小宅刑部少輔（高尚）殿

喜連川五月女坂（栃木県さくら市）の地は、宇都宮氏と那須氏の係争地となっていたことが史料11・12により知られる。

ついに、天文十八年（一五四九）宇都宮氏と那須氏が本格的に激突し宇都宮俊綱が戦死するという事態となった。伊王野氏の史書『継志集』[64]により見てみよう。

天文十八年己酉九月廿七日、其比喜連川ニ塩谷阿波守在城仕候、同国宇都宮左衛門佐俊綱大軍にて、喜連川五月女坂に陣取る。那須太郎修理太夫高資・伊王野下野守資宗・大関右衛門佐高増入道・大田原山城守綱清・福原安芸守資則・千本常陸介資俊・芦野日向守資豊、其外大軍にて荒川喜連川に馳向。（中略）伊王野の先手鮎瀬弥五郎・黒羽筑後・同太左衛門・薄羽備中父子・小白江玄蕃・秋葉助右衛門・小滝勘兵衛・町本内匠など真先に進むて突崩シ候間、流石の宇都宮勢悉敗軍申候、大将宇都宮俊綱ハ味方の勢を立直さむとて、馬よりおり床木に腰を掛、下知被致候え共、手勢悉くうたれ敗軍申候間、立上り馬に被乗候所に鮎瀬弥五郎乗込、馬上に組て落、俊綱の首を討取り、宇都宮俊綱をは伊王野下野守家臣鮎瀬弥五郎討取候と高声に名乗申候。

五月女坂の合戦は那須氏にとっては乾坤一擲の合戦であり、戦国大名として生き延びることができるか否かの試金石であった。これは那須氏だけでなく、那須上庄の戦国領主達にとってもいえることであった。那須の諸氏は、軍事力を高めるため戦国領主連合という形を取って強敵宇都宮氏に対峙したのである。那須下庄の千本氏、那須上庄の大関氏・伊王野氏等は、実によく那須氏に協力し軍事力を高めたことが確認できる。興味深いことは、岩城重隆が高資を支援していたことである。重隆は荒巻氏に書状を遣わし、佐竹義昭への取り次ぎを依頼している。(65) これにより荒巻氏が那須氏に援軍を派遣している。(66) 重隆が高資を支援したのは、岩城氏と那須氏の婚姻関係によるものと思われる。(67)『那須譜見聞録』によれば、那須氏の家臣高瀬大内蔵が宇都宮の敗卒を追い、宇都宮家累世用いる所の旗を奪いとったとある。(68) この旗は『集古十種』にも記され現存している。(69)

上・下那須氏の統一が、名実ともに実現したのはいつであろうか。高資のあとを継いだ資胤の時代、永禄三年（一五六〇）那須氏は陸奥小田倉（福島県西白河郡西郷村小田倉・小田倉原・上野原一帯）で芦名氏と合戦している。(70) いわゆる小田倉合戦である。小田倉合戦以後、上那須の諸氏が那須氏から離反したという。ようやく、永禄十一年、大関氏・

大田原氏等の上那須の諸氏は、那須氏の重臣興野氏のはたらきかけに応じ、金剛寿院の僧尊瑜に仲介を依頼して和睦したという。(71)『那須譜見聞録』に「永録十一年戊辰九月十一日、嫡子十三歳、馬上十七八騎相具、大関城駈入有二主従和睦一」とある。(72)資胤の嫡子資晴が那須上庄の諸氏との和睦に役割を果たしたことが知られる。

すなわち、資胤・資晴時代になり、ようやく名実ともに上・下那須氏は統一されたといえよう。慶長十四年（一六〇九）に没した那須資晴の葬儀の際の史料が残されている。(74)葬儀の行列には那須上庄・那須下庄の諸氏の名が見える。すなわち、大関弥平治（政増）・福原雅楽介（資保）・大田原備前守（晴清、妻は那須資晴の姪）・伊王野主殿（資信）・千本大和守（義定）等の名が見える。資胤・資晴時代の那須氏の実態を反映しているものと考えられる。

前掲の「那須高資時代の家臣団分類表」には那須下庄の諸氏の名しか見えないことを考えると、その相違は歴然としている。

むすびに

上那須氏は政氏、高基抗争の状況下、永正十一年（一五一四）に滅亡したことが明確となった。定説では、この後永正十三年に那須資房が上・下那須氏を統一したとされている。(75)しかしながら、この時点ではまだ統一されていないと考える。それは以下の史料による。

政資が天文十五年に亡くなった際の(76)「法要香銭注文写」が残されている。(77)これは上・下那須氏を統一したとされる資房の孫の代高資時代の那須氏の家臣団の実態を知ることができる史料である。一見して明らかなことは、那須上庄の諸氏、すなわち大関氏・大田原氏・芦野氏・伊王野氏・福原氏の名がないことである。これらの諸氏は上那須氏の家臣ではあったが、下那須氏の家臣であったわけではない。すなわち高資時代に上・下那須氏は統一されていたというが、その実態は下那須氏のままであったといえよう。つまり、上那須氏が滅亡した時点で大関氏・大田原氏・芦野氏・伊王野氏・福原氏は独立した戦国領主になったといえよう。

五月女坂の合戦は那須氏にとっては乾坤一擲の合戦であり、戦国大名として生き延びることができるか否かの試金石であった。これは那須氏だけではなく、那須上庄の戦国領主達にとっても同様であった。那須の諸氏は、軍事力を高めるため戦国領主連合という形を取って強敵宇都宮氏に対峙したのである。五月女坂の合戦は、那須上庄・那須下庄を結束させる契機となった。しかし、高資時代には、いまだ上・下那須氏の統一が実現したとは言い難い。上・下那須氏の統一が、名実ともに成ったのは、資胤・資晴の時代となってからである。

註

（1）佐藤博信「東国おける永正の内乱について―特に古河公方家（政氏と高基）の抗争をめぐって―」（同『続中世東国の支配構造』思文閣出版、一九九六年、初出一九九三年）。

（2）「宇都宮正統系図」（『栃木県史』史料編・中世四、栃木県史編さん委員会、一九七九年〈以下『栃木』中世四と略す〉所収）。

（3）「那須文書」足利政氏書状（『那須文書』栃木県立博物館、一九八八年〈以下『那須』と略す〉四四号）・「秋田藩家蔵文書二四大塚九郎兵衛資名所蔵文書」足利政氏書状写（佐藤博信編『戦国遺文 古河公方編』東京堂出版、二〇〇六年、四一四号）。

（4）荒川善夫「那須氏と那須衆」（同『戦国期東国の権力構造』岩田書院、二〇〇二年）。

（5）『栃木県史』通史編3（栃木県史編さん委員会、一九八四年〈以下『栃木』通史3と略す〉）七七九～七八〇頁参照。

（6）矢田俊文「上杉謙信と戦国の越後」（新潟県立歴史博物館、二〇〇七年三月十五日歴史講演会資料）二頁参照。矢田俊文氏は戦国期の基本的領主―戦国領主について「判物を発給・城下町をもつ・家臣団（軍隊）をもつ」の条件を満たすものと定義している。筆者もこの見解にしたがうものである。強大な戦国領主が戦国大名である。
　黒田基樹氏は『戦国大名と外様国衆』（文献出版、一九九八年）で「戦国大名」について一国以上を領国とするものとしている。しかし筆者は戦国大名の要件が必ずしも、一国以上を領国するものとは考えていない。そして、宇都宮氏・那須氏等は支配領域が一国に満たない戦国領主であるが、戦国大名の名を与えるのが妥当であると考える。また、戦国大名の実力はその支配領域の広狭に注目されがちである。しかしながら、筆者は、戦国大名が、その地方に家名を存続させた時間の長さも戦国大名の実力を表現していると考える。『烏山町史』（烏山町史編集委員会、一九七八年）第四章「戦国大名那須氏の活躍」の記述や、『那須』の「那須文書について」における「下野北部に勢力を張った戦国大名那須家の面目を示すものであろう」の記述などから、那須氏を戦国大名と称することはすでに定着していると考えられるため、本論もひとまずそれに従う。

（7）「御内書案」一六号、足利義政御内書写（『栃木』中世四）。

（8）『那須』所収「那須系図1」。

（9）『那須』所収「那須系図1」。

（10）『那須』所収「那須系図1」。

（11）「早稲田大学白川文書」宇都宮成綱書状（『白河市史』五巻　古代・中世　資料編2、福島県白河市、一九九一年〈以下『白河』と略す〉）六三六号）なお、史料の返り点は筆者による加筆である（以下同じ）。

(12) フリー百科事典『ウィキペディア(Wikipedia)』結城顕頼の項。管見の限り、顕頼の生年は史料に見えず推定の域を出ないが、一応参考になると思料される。

(13)『那須』所収「那須系図1」。

(14)『那須』所収「那須系図1」。

(15)「東京大学白川文書」宇都宮成綱書状(『白河』六三七号)。写真版から一部史料を読み改めた。

(16)『栃木県の中世城館跡』(栃木県文化振興事業団、一九八三年、一九一頁)には、「亀山城(亀城・山田城) 黒羽町大字片田字館 本城の創築者は不詳である。『那須記』などは那須資隆八男堅田(片田)義隆とし、のち小川片平に移ったので一旦廃すとしている」と記されている。

(17)『那須譜見聞録』(東京大学史料編纂所所蔵)も山田城のことを黒羽城と記している。

(18)『栃木県の中世城館跡』(栃木県文化振興事業団、一九八三年、一九一頁)には、「山田館(御城・下山田城・大関城) 黒羽町大字片田字上城 当館の創築者は鎌倉初期に那須資隆の八男片田八郎義隆と伝えられ、後大関宗増が明応年間(一四九二〜一五〇一)当館に黒羽八幡館から移り、増次に至って、先祖増清が応永年中に創築した白旗城を修築、再び移ったので廃したと『那須郡誌』は記している」と記されている。

(19)『栃木県の中世城館跡』(栃木県文化振興事業団、一九八三年、一九一頁)には、「金丸氏要害(館山) 黒羽町大字片田字館 亀山城(山田城)の南方に隣接し、本丸と北丸を主体に、西丸・帯郭・土塁・空堀等が認められ、連郭式の小山城である。応永年間金丸氏が南金丸根小屋館から移り築き、のち金丸義胤が天正十八年(一五九〇)大関氏の臣下になり、麓に下りたと伝えられる」と記されている。

(20)「東北大学国史研究室保管白河文書」結城白川政朝書状案(『白河』六六八号)。

(21)　市村高男「戦国期白河結城氏代替わり考」（矢田俊文編『戦国期の権力と文書』高志書院、二〇〇四年）二二四頁参照。

(22)　「伊達家文書」宇都宮忠綱書状（『大日本古文書　家わけ文書3　伊達家文書』三八号）。

(23)　『黒羽町誌』（黒羽町誌編さん委員会、一九八二年）二四七頁参照。

(24)　是澤恭三編『会津塔寺八幡宮長帳』（心清水八幡神社、一九五八年）永正七年九月条。

(25)　「那須記所収文書」那須資永書状を参考に供したい。この書状は死を覚悟した資永の絶筆であろう。

謹而奉レ進二歎札一、我此度請二千士構一討死仕事、偏二山田次郎資久欲二惣領立一之間、大関・大田原起二謀叛一ヲ、上庄之諸士依二同意仕一二今逢二ヒ此害二畢、哀願ハ、被レ征二拙身怨敵一ヲ賜リ候ハヽ、草陰二而も非レ可レ奉レ忘二御厚恩一ヲ、形見ハ御啼涙之実種と承候得共、鬘鬟ハ母上の御方えおくり進せ候、老若不定の世中に御座候間、必御悲ミ被レ成間鋪奉レ存候、恐惶謹言、

那須太郎資永

永正十一年甲戌八月二日

白河御宿老中御披露

資永はこの遺書を書いた翌日、八月三日に自害したという。

(26)　「今宮祭祀録」（さくら市西導寺所蔵、『高根沢町史』史料編Ⅰ原始古代・中世、高根沢町史編さん委員会、一九九五年所収）永正十一年条。

(27)　『続群書類従』第六輯下、巻百五十五「秀郷流系図　白河結城」資永の項。

(28)　『那須記』（『栃木県史』史料編・中世五、栃木県史編さん委員会、一九七六年〈以下『栃木』中世五と略す〉所収）巻之七「資房上庄下庄一統事」。

(29)「今宮祭祀録」永正十一年条。

(30)「喜連川家文書案三」足利高基書状写(佐藤博信編『戦国遺文　古河公方編』東京堂出版、二〇〇六年、五二一号)。

(31)「戸祭文書」三号、足利高基感状(『栃木』中世四)。関連史料として「戸祭文書」二号、足利高基感状(『栃木』中世四)がある。

(32)「熱海白川文書」足利政氏書状(『白河』七一九号)。

(33)「今宮祭祀録」永正十三年条。

(34)「秋田藩家蔵文書八」二号、佐竹義舜官途状写(『栃木県史』史料編・中世三、栃木県史編さん委員会、一九七八年〈以下『栃木』中世三と略す〉)、「秋田藩家蔵文書一五」四号、佐竹義舜官途状写(『栃木』中世三)。関連史料として「秋田藩家蔵文書八」三号、佐竹義舜官途状写(『栃木』中世三)がある。

(35)「佐八文書」五四号、永山忠好書状写(『栃木県史』史料編・中世二、栃木県史編さん委員会、一九七五年〈以下『栃木』中世二と略す〉)。

(36)「佐竹系譜」(『常陸太田市史編さん史料』九、常陸太田市、一九七八年)一二三頁、義治の項に「(文明)十年山入義知援ヲ那須資持ニ乞、久米小城ヲ攻ム、城主義武及小野田義安等戦死シ、城陥ル」とある。この資持は持資のことを述べていると考えられる。

(37)「那須文書」佐竹義舜書状(『那須』八〇号、『常陸誌料　前佐竹氏譜三』〈東京大学史料編纂所所蔵〉所収、佐竹義舜の項)。

(38)「那須文書」佐竹義舜書状(『那須』七九号)。

(39)「那須系図1」(『那須』所収)資実の女子の項。「嫁　佐竹氏義」とある。

(40)「那須文書」足利政氏書状(『那須』四四号)。
(41)『那須記』(『栃木』中世五所収)巻之六「塩谷孝綱郎従等起請事」。「東路のつと」(『中世日記紀行文学全評釈集成』第七巻、勉誠出版、二〇〇四年)に、永正六年「この宮(宇都宮)より白河の間、わづかに二日路の程なれど、このごろ那須と矛盾すること出で来て、合戦たびたびに及べりとなむ」の記載がある。また、「宇津山記」(重松裕巳編『宗長作品集〈日記・記行〉』古典文庫、一九八三年)にも、同様の記載がある。
(42)「茂木文書」足利政氏書状(『茂木町史』第二巻　史料編1　原始古代・中世、茂木町史編さん委員会、一九九七年〈以下『茂木』と略す〉一一三号)。
(43)「板橋文書」二号、足利高基書状(『栃木』中世三)・「集古文書」三号、足利高基書状写(『栃木』中世四)・「小田部庄右衛門氏所蔵文書」一七号、古河公方足利高基御判御教書写(『栃木』中世二)。
(44)「茂木文書」佐竹義舜書状(『茂木』一一一号)。
(45)「那須文書」足利高基書状(『那須』四五号)。なお、『那須』は那須修理大夫を資胤としているが、資房に比定されよう。
(46)註(33)と同じ。
(47)「秋田藩家蔵文書一五」四号、佐竹義舜官途状写(『栃木』中世三)。関連史料として「秋田藩家蔵文書八」二号、佐竹義舜官途状写(『栃木』中世三)・「秋田藩家蔵文書八」三号、佐竹義舜官途状写(『栃木』中世三)がある。
(48)『栃木』通史3、七七九～七八〇頁参照。
(49)「大縄久照文書(東京大学史料編纂所影写本)」佐竹義篤書状(『茂木』一二三号)。
(50)『福島県史史料集成　第一輯』(福島県史料集成編纂委員会、一九五二年)。

(51)『続武家閑談』巻四(国立公文書館所蔵)。
(52)『那須記』(『栃木』中世五所収)巻之七「河井出雲守・同大膳籠城付楯葉討死事」。
(53)「平沼伊兵衛氏所蔵文書」二号、那須資房充行状(『栃木』中世三)。
(54)「秋田藩家蔵文書四四」八号、宇都宮俊綱官途状写(『栃木』中世三)。
(55)「那須系図3」(『那須』)。
(56)「東京大学白川文書」小山高朝書状(『白河』七四八号)。なお、写真版から一部を読み改めた。
(57)「早稲田大学白川文書」小山高朝書状(『白河』七四九号)。
(58)『常陸誌料　前佐竹氏譜三』(東京大学史料編纂所所蔵)、佐竹義篤の項。
(59)「東京大学白川文書」那須高資書状(『白河』七九〇号)。
(60)「那須系図1」(『那須』)政資の項。
(61)「那須文書」一一六号、那須政資法要香銭注文写(『栃木』中世二)。
(62)「石井文書」一号、二階堂続義充行状(『栃木』中世三)。
(63)「小宅文書」二号、宇都宮俊綱感状(『栃木県史』資料編・中世一、栃木県史編さん委員会、一九七三年)。なお、「小田部庄右衛門所蔵文書」一九号、宇都宮俊綱感状写(『栃木』中世二)は本文書の写である。
(64)『継志集』(国立公文書館所蔵)。
(65)「秋田藩家蔵文書五」一四号、明徹岩城重隆書状写(『栃木』中世三)。
(66)「秋田藩家蔵文書五」一五号、那須高資書状写(『栃木』中世三)。
(67)「那須系図3」(『那須』)高資の項。

（68）『那須譜見聞録』（東京大学史料編纂所所蔵）巻三所収、「那須系図」高資の項。

（69）『開館5周年記念図録』（栃木県立博物館、一九八七年）三四頁、写真版「宇都宮俊綱より分捕りの旗」・『集古十種』（国立公文書館所蔵）兵器　旌旗五「那須家蔵宇都宮俊綱旗」・沼田頼輔著『日本紋章学』（新人物往来社、一九七二年）一一〇五頁でも紹介されている。

（70）『那須記』（『栃木』中世五）巻之八「小田倉合戦事」「上那須諸（士脱カ）謀反之事」。

（71）「興野文書」三号、「永禄十一年十月十日付、那須資胤感状」（『栃木』中世四）に「今般上庄属二佐竹一之処、貴殿働を以令二帰服一之条、致二大悦一候」とある。『那須記』（『栃木』中世五）巻之三九「上那須諸将帰服于烏山事」・『那須譜見聞録』（東京大学史料編纂所所蔵）巻三、所収「那須系図」資胤の項。『創垂可継』（大田原市芭蕉館所蔵）所収「多治比系伝巻三　高増之伝」。

（72）『那須譜見聞録』（東京大学史料編纂所所蔵）巻十一。

（73）「那須系図１」（『那須』）資晴の項。

（74）『那須譜見聞録』（東京大学史料編纂所所蔵）巻八所収、「資晴公葬送」。

（75）『栃木』通史3、七七九～七八〇頁参照。

（76）「那須系図１」（『那須』）政資の項。

（77）註（61）と同じ。

室町・戦国期の那須氏
―那須・佐竹同盟を中心として―

はじめに

那須氏は動乱の関東にあって、佐竹氏・宇都宮氏・白河結城氏・芦名氏等と戦っている。最小の戦力（狭い領地）もって最大の戦果を発揮し、よく戦国大名として独立を維持し、奇跡ともいえる家名の存続に成功している。とりわけ佐竹氏とはたびたび戦火を交えた。

ところで、同時期の那須氏に関する研究は多くない[1]。那須氏にとって、元亀三年（一五七二）の佐竹氏との同盟はどのような意義を持ったのであろうか。

荒川善夫氏は、元亀三年の那須・佐竹同盟は有効に作用し、同盟後、佐竹氏・那須氏は天正十一年（一五八三）まで関係を深めたとしている[2]。はたして、そういえるであろうか。筆者には、この見解は首肯できない。一例を上げれば、『下野国誌』[3]は「天正元年癸酉正月、佐竹義重水戸の江戸但馬守重通を攻落し、夫より小田讃岐入道天庵を討亡し常陸一国を切随い、其勢いに乗じ那須をも攻かたむけんと度々寄来るといえども、いまだ雌雄はつかざりけり。又武茂左衛門守綱・松野讃岐守篤通等も、元来宇都宮の一族なれば、年来那須と争い、合戦止期なかりけり」と記している。歴史の実態を鋭く突いているのではないだろうか。

本論は那須・佐竹同盟の有効性について、那須氏の立場から再検討することを目的とする。考察する時期については、那須氏と佐竹氏との関係が確認される室町期から、天正十四年頃までを対象とする。

一　同盟にいたるまでの那須・佐竹氏の関係

那須文書を中心として、関連史料から那須氏と佐竹氏の関係を整理してみよう。

永享七年（一四三五）六月、常陸の佐竹義仁・長倉遠江守義成等は、鎌倉公方足利持氏に反し、幕府の支援を得て長倉城（茨城県常陸大宮市）に挙兵した。同年八月、持氏が岩松持国らに命じて約六千の兵で長倉城を包囲した際の攻撃軍に、小田氏・結城氏・宇都宮氏等と共に那須氏の名も見える。(4)

佐竹氏略系図（『寛政重修諸家譜』(5)による）

義盛――義憲（義仁・義人）――義頼（義俊）――義治――義舜――義篤――義昭――義重

〔史料1〕(6)

先度如二申候一、早速預二御合力一候者恐悦候、仍伊勢畑之事、以二大岩石見守一申二子細一、可レ然之様被二仰合一候而承候者、目出可二悦喜仕一候、恐々謹言、

（享徳二年カ）
七月四日　　源義頼（花押）

謹上　那須殿

佐竹（源）義頼は下那須氏の持資に対し、享徳二年（一四五三）頃、「伊勢畑」（佐竹氏一族小場氏の所領）を題材に「御合力」をうるべく交渉している。『栃木県史』は、史料1の源義頼を里見義頼としている(7)。佐藤博信氏は、この文書を享徳の大乱勃発（享徳三年十二月）以前にはじまる「佐竹五郎・六郎合戦」に関連する文書で、源義頼を佐竹義頼とされており、首肯できる(8)。

佐竹氏は、応永十四年（一四〇七）、佐竹宗家の義盛が死去した後、家督相続争いに端を発し、十六世紀初頭まで佐竹一族の内紛、いわゆる「佐竹の乱」にみまわれる。佐竹宗家を脅かしたのは、佐竹一族の中で最も有力な山入氏であった。

延徳二年（一四九〇）には、山入義藤・氏義父子の攻勢が一段と強まり、佐竹宗家の義舜を太田城に襲撃してこれを追放、義舜はこの時歳二十にもみたない若さであった。太田城を追放された義舜は、母方の大山氏の居城である孫根城（茨城県東茨城郡城里町孫根）に逃亡し、永正元年（一五〇四）に山入氏から太田城を奪回するまでの約十四年間、辛酸をなめたという(9)。

〔史料2〕(10)

就二彼題目一御同意可レ有由承候、快然候、仍長倉（常陸大宮市）要害同除二野田之郷一彼仁相拘候地之事、速渡進候、恐々謹言、

延徳四年壬子六月一日　　右京大夫義舜（花押）

謹上　那須（資実）左衛門大輔殿

史料2は、延徳四年に佐竹義舜が一族山入氏や長倉氏の反乱に苦慮し、長倉氏の所領を那須資実に割譲して那須氏を味方につけ、長倉義久の反乱を抑えようとしていたことを示している。資実の後、那須氏は資房・政資・高資と続く。だが、那須氏は突然の不幸に見舞われる。

那須氏当主の高資が天文二十年（一五五一）正月、千本城（芳賀郡茂木町千本）で家臣の千本資俊に殺害された。[11]これは「今宮祭祀録」によれば、五月女坂の合戦で戦死した宇都宮俊綱の仇を討つため、宇都宮氏方が那須一族千本十郎（資俊）を引き落し、高資を生涯させたものであるという。[12]そして、同年八月、高資の祖父母である資房・妙香夫妻が、孫の菩提をとむらうため、那須氏の菩提寺天性寺に土地を奇進している。[13]

高資の後は、政資の二男で実弟の資胤が那須氏当主となる。千本氏の謀叛には資胤自身がかかわっていた可能性がある。資胤は弘治元年（一五五五）、古河公方足利義氏に「赦免之儀」を「以二誓詞血判一、尽二未来忠信之儀一言上」して、千本十郎の進退伺いをして、内々に赦免されている。[14]資胤は、弘治二年正月十三日付けで、内々に赦免された祝儀として太刀・馬・青蚨を献上した返礼として、足利義氏から太刀を遣わされた。[15]なお義氏の礼状の宛名が那須弥太郎となっていることにより、古河公方から資胤が正式に那須氏の当主として認められたことを意味しているものと考えられる。[16]さらに資胤は同日付けで、古河公方足利義氏から「修理大夫」に任じる官途状[17]あたえられ、正式に赦免された。[18]

那須資胤は佐竹義昭と結び、弘治三年十月十二日付けで起請文を受けている。[19]

資胤は、永禄元年（一五五八）の七月から八月にかけて、佐竹氏と白河結城氏との間に立ち和睦を斡旋している。[20]「結城家之記」によると、那須氏は永禄三年正月、佐竹氏・宇都宮氏などとともに、足利義氏・北条氏康派の下総結城氏の結城城（茨城県結城市）を攻撃している。[21]

資胤は、佐竹義昭と白川晴綱の和睦を仲介し、永禄三年十一月十六日付けで北条氏康から労をねぎらわれている。[22]上那須氏の滅亡後、大関氏・福原氏・芦野氏等の上那須庄の諸氏は、那須氏から独立した戦国領主となっていたが、永禄三年の小田倉合戦後は佐竹氏と結び、那須氏と抗争していた。

資胤は、永禄七年五月五日付けで、家臣の大沼内匠助泰綱に佐竹義昭との合戦の勲功を賞して所領を与えている。[23]同じく五月十日付けで、家臣の興野弥左衛門に所領の宛行を約束している。[24]

また資胤は、永禄九年の八月下旬に、佐竹氏・宇都宮氏及び上那須庄の諸氏の連合軍と治武内山（那須烏山市神長の治武内山一帯）で戦い[25]、続いて永禄十年二月中旬に佐竹氏及び上那須庄の連合軍と大崖山（那須烏山市下境の大崖山一帯）で戦っている。[26]さらに二か月後の四月十四日、三度烏山に侵攻してきた佐竹氏及び上那須庄の諸氏と戦っている。[27]

〔史料3〕[28]

就㆓近年弓煎㆒失㆓各筋目㆒候処、今般別而忠信感入計候、依㆑之今度本意之上、後代之為㆓亀鏡㆒五百疋之地可㆑令㆓当行㆒者也、仍如㆑件、

永禄十年

五月十日　　資胤（那須）（花押）

滝田（資友）式部少輔殿

史料3は前月の戦での感状と考えられる。資胤が佐竹氏及び上那須庄の諸氏との抗争に腐心していたことが知られる。

上那須庄の諸氏と那須氏が和睦するのは、永禄十一年の九月である。

〔史料4〕[29]

今般上庄属㆓佐竹㆒処、貴殿働を以令㆓帰服㆒之条、致㆓大悦㆒候、依㆑之正宗之鎧通進㆑之候、可㆑被㆓秘蔵㆒者也、

永禄十一年

十月十日　　資胤（花押）

興野弥左衛門殿

資胤は上那須庄の諸氏との和睦を歓迎したものと考えられる。以後、資胤は力を蓄えて那須氏の増強に努めていく。

〔史料5〕[30]

如二来意一、此度小田之地(茨城県筑波郡)及近陣可レ付二落居一逼塞之処、各異見之旨候間、二三ヶ所付城取立普請最中ニ候、五三日之内何も可レ為二成就一之条、可二御心安一候、委細帰馬之上可二申述一候、恐々謹言、

(永禄十二年カ)九月廿一日　　義重(花押)

(資胤)那須殿

佐竹義重から那須資胤宛に九月二十一日付けで書状が届いている。資胤は佐竹氏とも和睦していたことが知られる。上那須庄の諸氏と那須氏の和睦を機に、佐竹氏と那須氏は和睦したものと思われることから、この書状は、永禄十二年に比定されよう[31]。

しかし、この和睦は一時的なものであった。永禄十三年五月、資胤は千本領で佐竹氏と戦っている[32]。また、同年七月には武茂領で上那須庄の諸氏と佐竹氏が戦い[33]、元亀三年(一五七二)正月にも、佐竹氏は那須氏領を攻めている[34]。

二　那須・佐竹同盟

元亀二年(一五七一)十二月、甲斐の武田信玄と相模の北条氏政の間に甲相同盟が復活する[35]。これ以前、天文二十三年(一五五四)には武田・今川・北条の三氏間で盟約が結ばれていたが、武田信玄の駿河侵攻により反故となっていた経緯がある。甲相同盟締結後、関東における対立の構図は「甲・相」対「越」になる。関八州の武力制圧を目指す北

条氏の圧力は下野まで及ぶようになり[36]、甲相同盟締結後の政治状況の変化に那須氏も対応を迫られることになる。
　このような状況下、度重なる戦火を交えてきた佐竹氏と那須氏であったが、元亀三年六月、両氏の間で和睦・同盟が成立する。
　千本領市塙の地で、那須資胤の代官千本資俊と佐竹義重の代官北義斯が対談し、和睦を成立させた[37]。

〔史料6[38]〕

　　　起請文之事

敬白

向後互浮沈吉凶共、無二表裏一、無二可二申合一事、付佞人申成も候者、互可二申承一事、若此儀偽候者、上者梵天帝尺、四大天王、下者堅窂地神、熊野三所大権現、日光三所権現、(常陸)別当国鹿嶋大明神、八幡大菩薩、摩利支尊天、惣日本国大小神祇、則可レ蒙レ罰候也、仍如レ件、

　　元亀三季六月廿一日　　　　　(佐竹)義重(花押)

　　(資胤)那須殿

　この史料6は、佐竹義重が那須資胤に宛て送った起請文である。那須氏が佐竹氏と同盟を結んだ背景には、日に日に強まる北条氏の軍事的脅威がその背景にあったものと思われる。

〔史料7[39]〕

態令レ啓候、仍当口之儀付而昨日以レ使条々承候、本望候、存分及二御廻答一候キ、猶爰元為レ可二申談一重而両人差越候、於二委細一者彼口上可レ有レ之候、恐々謹言、

　(元亀三年カ)七月廿一日　　　　　義重

那須殿

このように、義重と資胤が密接に連絡を取り合っていたことが知られる。これは、那須・佐竹同盟成立後の両氏の親密な関係を確認することができる貴重な史料といえよう。

三　その後の展開

那須・佐竹同盟成立の証として、資胤の娘と義重の子徳寿丸（後の義宣）の婚約が成立した[40]。後年、那須氏の姫は、佐竹氏に輿入れし義宣の正室（正洞院）となる。伝承によれば、二人が結婚したのは天正十三年（一五八五）であるという[41]。政略結婚の典型といえよう。

〔史料8〕[42]

急度令レ啓仍兼日如二申合一南口為二調義一今日十九野口迄令二出馬一候、廿五六日可レ及二動逼塞一候、一勢御合力候者外聞見所可レ為二本望一候、余事令レ期二後音一候、恐々謹言、

（天正元～二年カ）
卯月十九日　　　　義重（花押影）

那須殿

北条氏の圧力が北関東に及ぶ状況下[43]、義重は「一勢御合力候者外聞見所可レ為二本望一候」と、那須氏に合力を求めている。那須・佐竹同盟は、両氏が北条氏と対抗するためには必要不可欠なものであったといえよう。

〔史料9〕[44]

已前者為レ使申入候処、様々御取成候段、祝著至候、猶以爰元様子為レ可二申分一、彼者重而越進候、雖下無二申迄一候上、

可レ然様被レ加二貴意一任入候、義重（佐竹）者昨朝赤館（陸奥）へ被レ寄レ馬候、於二城門一者可レ為二堅固一候、事々可二御心安一候、諸
毎奉レ期二来音一候、恐々謹言、
二月七日（天正二年）　　　　義親（白川）（花押）
金剛寿院

その一方で、天正二年二月六日、佐竹義重が白川義親の属城陸奥赤館城を攻撃した際には、那須資胤は義親に支援を期待されていることが史料9により知られる。義親は赤館城を守り抜くことに成功している。

天正二年八月には、芦名盛氏は赤館に進軍してきた佐竹氏軍と戦い破っている、この時、資胤は盛氏の援軍として大関高増を派遣している[45]。

〔史料10[46]〕

先日聊及二御返答一候旨趣、御悦喜之段重而貴札、殊更以二御使僧一条々御懇切蒙レ仰候、旁以畏入令レ存候、然者去
五日盛氏（芦名）・義親（白川）江被レ遂二御対面一尽二未来一之儀被二仰堅一之由、真実以目出度御簡要至極候、将又義重（佐竹）去七日向二
赤館（陸奥東白川郡）被二相動一候之処、会衆被二懸合一佐衆数輩被二討取一、手負無二際限一被二仕出一候之上、其夜中敗軍之由度々御利
運、弥以御本望之至候、猶々従二兵千一并御内証之透、始中終被二申越一候、令レ億二愚意一下候、速彼御方馮入候、
定而可レ有二御心得一候、万吉重々恐々謹言、
　　　　心徹斎
九月廿四日（天正二年）　　道楽（花押）
烏山
　御館

同年九月五日、資胤は白河で佐竹義重と対立する芦名盛氏・白川義親と会合していることが史料10により知られる。資胤は佐竹氏と同盟を結ぶ以前、永禄十二年(一五六九)十二月二十三日付けで白川義親に起請文を送り同盟していた[47]。この時、資胤は「那須・佐竹同盟」よりも「那須・白川同盟」を優先させたといえるであろう。この時の白河結城氏と那須氏の連携は、南北朝期の「那須・白河国人一揆[48]」を想起させる。佐竹氏と白河結城氏が対立した際に、那須氏は佐竹氏よりも白河結城氏を重要視している点は注目される。那須・佐竹同盟は必ずしも、安定したものではなかった。心徹斎道楽の実名は皆川俊宗と考えられる[49]。

佐竹義重は、この年十一月十三日付けで那須資胤に書状を送り、結城晴朝の斡旋により、白川義親と和睦したことを報告している[50]。

〔史料11[51]〕

如二承意之一、今般向田(那須郡)村義重(佐竹)被レ致二出張一候間、愚之事も令二同陣一候、依レ之態預二簡札一候、一段祝着之至候、内々貴殿も御出陣可レ有レ之由存候之処、無二其義一候、如二被露一紙面候、来秋重而義重可レ被レ致二出馬一候間、其刻於二御同陣一者、以二会面一諸事可二申承一候条、不レ能レ具候、恐々謹言、

(天正二年閏十一月カ)閏月十一日　(白川義親)不説(花押)

(資胤)那須殿

那須氏と佐竹氏の同盟が成立した二年後の天正二年閏十一月に至っても、那須・佐竹氏間は軍事的緊張状態にあり、義重は那須氏領の向田に出張したことが、この史料11により知られる。

この後も那須氏と佐竹氏は同盟を結びながら抗争していく。

『那須郡誌』によれば「七合村大字興野字幕焼沢(那須烏山市)は、天正六年五月十三日、常陸の佐竹義重、那須氏

を討たんと欲し、鷲子山より山路を経、大沢村より此の地に来りて屯し、烏山城を攻略せんとした所、興野城主興野尾張守義重、偵して之を知り、急を烏山城に告げたるを以て、那須資晴、夜陰に乗じて、佐竹氏の屯営を急襲したので、佐竹勢は大いに狼狽して、幕其の他の輜重を焼却して、逃遁した所である」。これによって幕焼沢と呼ばれたという。[52]ただし、那須資胤・資晴父子は佐竹義重と共に、天正六年五月二十八日、北条氏が親北条方の壬生氏を援けるため出陣した際、鬼怒川流域の小川台（茨城県筑西市小川一帯）に陣し、北条氏と対峙している。[53]このことから、『那須郡誌』が、佐竹氏と那須氏の幕焼沢での激突を天正六年とするが、これには疑問が残る。

そして、天正十年六月二十四日、佐竹義重は、誓書[54]を那須資胤・資晴父子に与えて、これと和していることから、佐竹氏の那須氏領への侵攻は天正十年をそれほど遡らない時のことであったと思われる。

天正十年四月十四日頃から資晴の発給文書が確認されようになる。[55]

天正十年七月二十四日、那須氏は、佐竹氏の武将松野篤通と那須氏領の片里坂（那須烏山市興野一帯）で激突している。勝敗がつかないまま松野勢は兵を引いたという。[56]同年八月二日、那須氏は武茂城（那須郡那珂川町馬頭）の佐竹氏方の武茂守綱・国綱親子を攻撃している。武茂氏の夜襲によりかき乱された那須氏勢は、烏山に退いたという。[57]天文年間には、那須氏と友好的であった松野氏・武茂氏が、那須・佐竹同盟成立前後から去就を変え、その後は佐竹氏に属していたことが知られる。[58]那須氏と佐竹氏の天正十年六月の和睦により、那須資胤は佐竹義重と共に、北条氏直の上州表出陣に対し防戦に努めていることが知られる。[59]

佐竹・那須氏間の和睦もすぐに破綻し、翌天正十一年二月、武茂守綱・大金重宣の案内により、佐竹義重・宇都宮国綱の連合軍が下境（那須烏山市下境）に押し寄せ、戦端が開いた。川原表（那珂川の河原）を中心に激しい戦闘が行われ、佐竹氏勢は烏山城下に迫る勢いをみせた。宇都宮氏勢に備えていた大関氏・芦野氏等の軍勢が、その襲来がないので烏山に戻り、これにより那須氏勢は勢いを盛りかえし、佐竹・宇都宮氏勢を撃退したという。[60] 那須氏と宇都宮氏は、たびたび戦火を交えているが、那須氏と宇都宮氏が対立している場合、佐竹氏が宇都宮氏を重要視している点は注目される。佐竹氏は天正十一年五月十日付けで、那須氏の宿老大関氏を取り込むため起請文を与えるありさまであった。[61]

那須氏系図によれば、資胤は天正十一年二月十一日に死去している。[62] 那須資晴は天正十二年九月から十月にかけて、佐竹氏に属する松野氏と戦っている。[63]

資晴は天正十三年、薄葉原（大田原市薄葉一帯）で宇都宮氏・川崎塩谷氏と戦い勝利している。[64] この年の冬、資晴は佐竹義重の媒酌で結城晴朝の娘と再婚している。[65]

〔史料12〕[66]

急度令レ啓候了、仍南衆出張、漸古河表へ取越之由候、幸当口へ打越候事、好ケ之節候間、今日祖母井へ取越、彼地ニ立レ馬、南軍之様子見合乗向、付ニ是非一逼塞候、到ニ其時一即刻御著馬備計可レ被ニ仰入一候事任入候、雖下無ニ申迄一候上御油断無レ之各被レ相ニ催千言万句一候、恐々謹言、

（天正十四年）四月三日　　義重（花押）

（資晴）那須殿

那須資晴は、天正十四年四月三日付けで佐竹義重から、北条氏の北下総の古河表（茨城県古河市一帯）への進攻に備えるため出陣を要請されている。この時期、那須氏は佐竹氏とは良好の関係にあったが、宇都宮氏とは対立が続いていた。

宇都宮国綱は那須口への出陣について義重に相談している。[67] 宇都宮氏と那須氏の対立する状況下、佐竹氏は、那須氏よりも宇都宮氏を重要視していたことが知られる。

そして、那須氏は天正十四年に入っても塩谷領で宇都宮氏との抗争を続けていた(68)。天正十四年に比定される七月二十八日付けで資晴が白川義親に宛てた書状(69)で、北条氏に対して敬意を表した記載をしている点、及びこの時点において白河結城氏と那須氏間の友好関係が確認できる点は、注目されよう。那須氏は、このように佐竹氏と安定的な同盟関係を構築できない中、天正十四年九月には、佐竹氏との同盟関係を完全に解消して北条氏に靡いて行くのである。

むすびに

那須氏が北条氏・越後上杉氏と結び、また、南奥田村氏(70)・甲斐武田氏(71)と結んだのは、すべて独立を維持して生き延びるためであったと思われる。那須氏の長い歴史の中で周辺の諸氏と幾度となく戦っている。奥州の白河結城氏・芦名氏・岩城氏・佐竹氏・宇都宮氏等である。これらの諸氏の中で佐竹氏は、軍事力において最強であった。那須氏の戦いの数においても佐竹氏との戦いが最多である。元亀三年(一五七二)に至り、戦いに明け暮れた佐竹氏と那須氏が和睦し、同盟が成立する。同盟の前年、元亀二年十二月、甲斐の武田信玄と相模の北条氏政の間に甲相同盟が復活する。以後、関東における対立の構図は「甲・相」対「越」になる。関八州の武力制圧を目指す北条氏の圧力は下野まで及ぶようになる。那須氏が佐竹氏と同盟を結んだ背景には、北条氏に備えるための戦略があったと思われる。

元亀三年六月に成立した那須・佐竹同盟の有効性を整理してみたい。

佐竹氏・那須氏共に北条氏と対立関係にあった際は、那須・佐竹同盟は有効に作用したといえよう。しかしながら、那須氏と宇都宮氏が対立している場合、佐竹氏は那須氏よりも宇都宮氏を重要視している。一方、佐竹氏と白河結城氏が対立している場合、那須氏は佐竹氏よりも白河結城氏を重要視している。

このように那須・佐竹同盟は不安定なものであり、両氏は同盟成立後も度々戦火を交え、両氏の領地の境界付近では軍事的緊張状態が続いていたのである。同盟成立後、両氏が関係を深めたとは、とてもいえないであろう。これは、佐竹氏と那須氏の圧倒的な軍事力の差も影響していたことであろう。

那須・佐竹同盟は安定したものとはならなかった。その結果、那須氏は天正十四年(一五八六)九月には、佐竹氏との同盟関係を完全に解消して北条氏に靡いて行くのである。那須氏が北条氏に靡いていくさまざまな要因については、具体的に究明する必要があるが、紙面の都合上、別稿に譲ることとする。

註

(1) 同時期の研究には、荒川善夫「戦国期地域権力下野那須氏の動向と存在形態」(『歴史と文化』第三号、栃木県歴史文化研究会、一九九四年)、佐藤博信「室町・戦国期の下野那須氏に関する一考察—特に代替わりを中心に—」(『中世東国の権力と構造』校倉書房、二〇一三年)がある。佐藤博信氏は、この論考で那須氏の代替わりの数の不自然さを述べ、その解決策を模索している。

(2) 註(1)荒川論文。

(3) 『下野国誌』十之巻(河野守弘著、嘉永三年四月刻成。本論は下野国誌刊行会編の復刻版を使用)。

(4) 『長倉追罰記』(国立公文書館内閣文庫所蔵)に「東ハ那須ノ一党其次海上油井大須加相馬総州一揆モ打続張陣西ハ又小田結城宇都宮相続テ陣ヲハル」とある。

(5) 『新訂寛政重修諸家譜』(続群書類従完成会、一九八一年)「佐竹家譜」。

（6）「那須文書」源義頼書状（『那須文書』栃木県立博物館、一九八八年〈以下『那須』と略す〉八七号）。なお、史料の返り点及び傍線、括弧書きは筆者による加筆である（以下同じ）。

（7）「那須文書」一一〇号、源義頼書状（『栃木県史』史料編・中世二、栃木県史編さん委員会、一九七五年〈以下『栃木』中世二と略す〉）。

（8）佐藤博信氏はこの源義頼書状を佐竹義頼の書状とし、義頼は義憲の嫡子五郎義俊の初名とされている。源義頼書状の内容が佐竹氏の内紛に関するものであることから、首肯できる。佐藤博信『続中世東国の支配構造』（思文閣出版、一九九六年）三九〜四一頁参照。

（9）『茨城県史』中世編（茨城県史編集委員会、一九八六年）第四章「戦国時代の常陸・北下総」を参照。

（10）「那須文書」佐竹義舜書状（『那須』七九号）。

（11）『那須記』（『栃木県史』史料編・中世五、栃木県史編さん委員会、一九七六年〈以下『栃木』中世五と略す〉）巻之七「千本謀叛付資胤那須家継事」、『水谷記』（『茂木町史』第二巻 史料編1原始古代・中世、茂木町史編さん委員会、一九九七年）。

（12）「今宮祭祀録」（さくら市西導寺所蔵、『高根沢町史』史料編Ⅰ　原始古代・中世、高根沢町史編さん委員会、一九九五年）。

（13）「天性寺文書」三号、玄巌（那須資房）寄進状写（『栃木県史』史料編・中世一、栃木県史編さん委員会、一九七三年〈以下『栃木』中世一と略す〉）、「天性寺文書」四号、妙香（那須資房夫人）寄進状写（『栃木』中世一）。余談になるが、『宗長駿河日記〔林家本〕』（鶴沢覚編、古典文庫、一九七五年）に、「下野国奈須助太郎」が大永五年、高野参詣の途中、宗長の草庵を訪ねたことが記されている。助太郎が那須氏の当主とすれば、実名は資房の可能性がある。

（14）「那須文書」足利義氏書状（『那須』四六号）・「那須文書」周興副状（『那須』八六号）。

（15）「那須文書」足利義氏書状（『那須』六三号）。

（16）「太郎」は那須氏当主の通称である。資胤は政資の次男である。長男は高資で、資胤は高資の弟。

（17）「那須文書」足利義氏書状（『那須』六一号）。

（18）「那須文書」足利義氏書状（『那須』四六号）。

（19）「金剛寿院文書」四号、佐竹義昭起請文（『栃木』中世・）。

（20）「白河証古文書下（仙台白河家蔵）」那須資胤書状（『白河市史』五巻　古代・中世　資料編2、福島県白河市、一九九一年〈以下『白河』と略す〉八四八号）・「白川文書」二一一号、那須資胤書状（切紙）（『栃木県史』史料編・中世三、栃木県史編さん委員会、一九七八年〈以下『栃木』中世三と略す〉）。

（21）「結城家之記」（東京大学史料編纂所所蔵、『結城市史』第一巻　古代中世史料編、結城市史編さん委員会、一九七七年）。

（22）「那須文書」北条氏康書状（『那須』八九号）。

（23）「大沼家文書」（黒羽町所蔵、那須資胤判物、黒羽町芭蕉の館第十二回特別企画展『黒羽の戦国武将大関高増』黒羽町教育委員会、一九七七年、一二一号）。

（24）「興野文書」二号、那須資胤充行状（『栃木県史』史料編・中世四、栃木県史編さん委員会、一九七九年〈以下『栃木』中世四と略す〉）。

（25）『那須記』（『栃木』中世五、所収）巻之八「烏山治武内軍大金豊前守討死事」。

（26）『那須記』（『栃木』中世五、所収）巻之八「大崖山合戦之事」・「那須譜見聞録」巻之三（東京大学史料編纂所所蔵）所収

「那須系図」資胤の項など。
(27)『烏山町史』(烏山町史編集委員会、一九七八年)九九〜一〇二頁「大崖山、霧が沢の戦い」の項、参照。
(28)「滝田文書」一二号、那須資胤充行状(折紙)(『栃木』中世一)。
(29)「興野文書」三号、那須資胤感状(『栃木』中世四)。
(30)「那須文書」佐竹義重書状(『那須』七三号)。
(31)年次比定は、荒川善夫氏にしたがう。註(1)論文一〇二頁参照。
(32)「秋田藩家蔵文書七」四号、佐竹義重契状写(『栃木』中世三)・「秋田藩家蔵文書二〇」七号、佐竹義重書状写(『栃木』中世三)。
(33)「秋田藩家蔵文書二九」一八号、佐竹義重官途状写(『茨城県史料』中世編Ⅳ、茨城県、一九九一年)・「所家所蔵文書」七号、佐竹義重書状写(『栃木』中世四)。
(34)「東州雑記」(佐竹家旧記六)(『喜連川町史』第二巻　資料編2　古代・中世、喜連川町史編さん委員会、二〇〇一年〈以下『喜連川』と略す〉)。
(35)『小田原市史』通史編　原始古代中世(小田原市史編さん委員会、一九九八年)第一三章第一節参照。
(36)「佐竹文書」二二号、宇都宮広綱書状写(『栃木』中世三)。
(37)「東州雑記」(佐竹家旧記六)(『喜連川』)。
(38)「金剛寿院文書」六号、佐竹義重起請文(『栃木』中世一)。
(39)『集古文書』所収文書、佐竹義重書状写(静嘉堂文庫所蔵)。
(40)「東州雑記」(佐竹家旧記六)(『喜連川』)には「資胤ノ息女ヲ義重ノ嫡男徳寿丸殿ノ室ニサタマル」と記されている。

(41)『時の旅四百年―佐竹氏入部』(秋田魁新報社、二〇〇四年)二一三頁参照。

(42)『集古文書』所収文書、佐竹義重書状写(静嘉堂文庫所蔵)。

(43)註(36)と同じ。

(44)「金剛寿院文書」七号、白川義親書状(『栃木』中世一)・『史料綜覧』巻十一も同書を天正二年に比定しており、首肯できる。

(45)「那須文書」止々斉(蘆名盛氏)書状(『那須』六九号)・「会津四家合考所収文書」三号、止々斉　蘆名盛氏書状写(『栃木』中世四)。

(46)「那須文書」心徹斎道楽書状(『那須』七二号)。なお写真版により一部を読み改めた。また、「細川文書」に十一月晦日、細川藤孝宛、心徹斎道楽書状写がある、参考に供したい。

(47)那須資胤起請文写「佐竹義重等誓紙写」(東京大学史料編纂所所蔵写本)。

(48)伊藤喜良「親房書簡から奥羽・東国の動乱をみる―南奥羽国人と北関東国人の連携―」(小林清治編『中世南奥の地域権力と社会』岩田書院、二〇〇一年)。

(49)心徹斎の実名については「皆川系図付長沼系図」(『栃木』中世四)俊宗の項に「皆川山城守入道　号心鉄《(徹カ)》斎」とあることから、皆川俊宗の可能性が考えられる。なお『唐沢軍談』(『続群書類従』第二十二輯上)「小田原勢富士坂ェ寄ル事」に「壬生・皆川・那須・真壁ノ勢相集テ」の記載がある。

(50)「楓軒文書纂」四号、佐竹義重書状写(『栃木』中世四)。

(51)「滝田文書」一一号、不説斎　白川義親書状(『栃木』中世一)。

(52)『那須郡誌』(蓮実長著、一九四八年)三三四頁参照。

(53)『小川岱状』(国立公文書館所蔵)。
(54)「金剛寿院文書」九号、佐竹義重起請文(『栃木』中世一)。
(55)「赤松輝子氏旧蔵文書」一号、那須資晴書状(『茨城県史料』中世編Ⅲ、茨城県、一九九〇年)。
(56)『那須記』(『栃木』中世五、所収)巻之十一「興野片里坂合戦事附地蔵縁記ノ事」。
(57)『那須記』(『栃木』中世五、所収)巻之十一「資晴武茂城責付東光寺演記ノ事」。
(58)「那須文書」一一六号、那須政資法要香銭注文写(『栃木』中世二)・「松野文書」三号、佐竹義篤書状(『栃木』中世三)・「松野家譜」(『御家譜　坤』秋田県公文書館所蔵、所収)・「松野文書」一四号、佐竹義重書状(『栃木』中世三)・「秋田藩家蔵文書九」二三号、佐竹義重書状写(『茨城県史料』中世編Ⅳ、茨城県、一九九一年)。
(59)「三浦大輔氏所蔵文書」那須資晴書状(福島県立博物館平成二年度第三回企画展図録『秀吉・氏郷・政宗―奥州仕置四〇〇年―』)。
(60)『那須記』(『栃木』中世五、所収)巻之十一「烏山川原合戦之事」。
(61)「大関家文書」佐竹義重起請文(黒羽町芭蕉の館第十二回特別企画展『黒羽の戦国武将大関高増』黒羽町教育委員会、一九七七年、三四号)。
(62)下野那須氏の後裔である那須隆氏所蔵の「那須氏系図」、「那須系図1」(『那須』)。
(63)『那須記』(『栃木』中世五)巻之十一「松野合戦の事　大屋又五郎討死事」・「向田合戦事之事附土屋介忠討死事」。
(64)「平沼伊兵衛氏所蔵文書」五号、那須資晴充行状(『栃木』中世三)・『那須記』(『栃木』中世五)巻之十二「薄葉合戦事附大関軍法」・『那須譜見聞録』巻之三(東京大学史料編纂所所蔵)所収「那須系図」資晴の項。
(65)「立石知満氏所蔵文書」二号、結城晴朝書状(『栃木』中世三)。

(66)「那須文書」佐竹義重書状(『那須』八八号)。なお写真版により一部を読み改めた。

(67)「佐竹文書」一五号、宇都宮国綱書状(『栃木』中世三)。

(68)「小田部庄右衛門氏所蔵文書」四二号、宇都宮国綱官途状写(『栃木』中世二)・「秋田藩家蔵文書一五」二号、宇都宮国綱官途状写(『栃木』中世三)・「塩谷文書」二号、宇都宮国綱官途状(『栃木』中世三)。

(69)「新編会津風土記所収文書」一三号、那須資晴書状写(『栃木』中世四)。

(70)「田村文書」那須資胤書状(『歴代古案』第四)。

(71)「那須文書」武田勝頼書状(『那須』七〇号)。

那須氏の秀吉小田原城攻め静観
―「北条・伊達・那須同盟」を中心として―

はじめに

天下人を目指す豊臣秀吉は、天正十四年（一五八六）十一月から十二月にかけて関東・奥州に「惣無事」令を発令し、[1]それまで障害となっていた小田原北条氏（以後北条氏と記す）・伊達氏討伐を視野に入れ動きだす。秀吉は、天正十七年冬に北条氏が上野国の真田氏との間に起こした名胡桃城をめぐる争いを「惣無事」令に背いたとして、討伐宣言を出し、諸大名に出陣を促した。天正十八年三月一日、秀吉は大軍をひきいて小田原城攻撃に向け京都を出発し、関東へ向かった。

秀吉の小田原城攻めに際し、那須七騎の足並みが乱れる。大田原氏・大関氏等が秀吉に与したのに対し、彼らの主君である那須氏は静観の態度を貫く。いかなる理由があったのであろうか。この点に関する那須氏の研究は管見の限り皆無である。本論はこの点を考察することを目的としている。

一　北条氏と那須氏

那須氏が北条氏と結んだ時期は弘治三年(一五五七)頃～永禄三年(一五六〇)、永禄六年頃～元亀二年(一五七一)頃、天正十四年(一五八六)九月～天正十八年七月である。便宜上、弘治三年頃～永禄三年を第一期、永禄六年頃～元亀二年頃を第二期、天正十四年九月～天正十八年七月を第三期として考察する。

1　第一期(弘治三年頃～永禄三年)

天文七年(一五三八)、宇都宮家中で、小山氏をめぐり、強硬路線を主張する壬生綱雄と宥和策を主張する芳賀高経の対立が表面化し、高経は、天文十年、壬生綱雄を支持した宇都宮俊綱に殺害された。それで、芳賀家の家督は益子勝宗の三男が継いだ。芳賀高定である。壬生綱雄は天文十七年には那須氏・塩谷氏に接近し、宇都宮俊綱と対決姿勢をとるようになった。芳賀高経の遺子高照は、妹が那須高資の室となっていたことから高資の協力を得て、宇都宮俊綱を討ち滅ぼそうと計った。天文十八年、宇都宮氏と那須氏の五月女坂の合戦で宇都宮尚綱(俊綱)は討死する。芳賀高照は壬生綱雄とも意を通じ、那須氏の支援を得て那須から宇都宮へ攻め入り、宇都宮城を乗っ取る。芳賀高定は、幼少の伊勢寿丸(尚綱の子、のちの広綱)を伴い真岡城に逃げ、佐竹義昭に支援を請うた。

那須氏・壬生氏の支援を受けた宇都宮城の芳賀高照と、佐竹義昭の支援を受けた真岡城の芳賀高定が対立する。このような状況下、天文二十年正月二十二日、那須高資が下剋上により家臣の千本資俊に千本城(栃木県茂木町)で謀殺されるという事件が起きた。高資の跡を継いだ那須資胤は、天文二十年ないし、その翌年の六月、那須地方の上・下庄の諸氏を引率し、壬生綱雄・塩谷伯耆守・上三川二郎等と三千余騎で芳賀高定・伊勢寿丸方の城を攻めている(2)。同二十二年には、壬生綱雄の宇都宮在城及び、壬生方から離反した上三川氏への攻撃が確認できる(3)。後ろ楯の那須高資を失った芳賀高照は弘治元年(一五五五)に没する(4)。那須高資・芳賀高照の死には、伊勢寿丸の宇都宮城復帰を目指す芳賀高定が深く関わっていたとされる(5)。

資胤は弘治三年正月下旬頃から、古河公方足利義氏の後見役で関東管領の北条氏(北条氏康・氏政父子)に接近し始める(6)。起請文と共に太刀・馬・鳥目などを献上している。弘治三年に推定される正月二十日付けの那須資胤宛北条氏康書状(7)に、「抑此度言上候、就レ中始末共可レ被レ抽二忠信一由、飜二宝印一誓句御進候」とある。また、同じく弘治三年に推定される正月二十日付けの資胤宛北条氏政書状(8)に、「抑此度言上候、然者始末共可レ被レ抽二忠信一由、飜二宝印一誓句御進上肝要候」とある。那須氏は北条氏と軍事同盟を結んだといえよう。「北条・那須同盟」時代の始まりである。

弘治三年、芳賀高定は佐竹氏や那須氏の援助により壬生綱雄を宇都宮城から追い出し、伊勢寿丸を宇都宮城に迎え入れることに成功した(9)。資胤は弘治三年十二月十一日付けで北条氏康から書状を受けている(10)。資胤の壬生綱雄討伐における協力への謝意が述べられている。

史料1はこの時のものである。

〔史料1〕(11)

今度就二壬生退治一、其口手切之儀申届候処、早速御合点、殊近日向二塩谷一被レ揚二火先一由候、御入魂之至畏入候、抑壬中降参宮中幷真岡之旧領悉可二相渡一由申ニ付而、其分可二落著一由存候、為レ其申届候、御刷之儀者奉レ任二葛西様一候、猶使者申含候、恐々謹言、

(弘治三年)十二月十一日　氏康(北条)(花押)

那須殿（資胤）

資胤は、弘治三年十二月に古河公方足利義氏や関東管領北条氏康の勧めで、宇都宮城を占拠していた壬生綱雄・川崎塩谷氏と手切れをし、壬生氏方の川崎塩谷氏の居城川崎城（栃木県矢板市川崎反町）攻撃を計画していたことが知られる。その後、足利義氏から、塩谷伯耆守の進退については宇都宮伊勢寿丸に下知を加えた旨、伝えられている[12]。弘治四年正月にも北条氏康・氏政父子に書状を送り、氏康・氏政父子から太刀・馬などを与えられている[13]。この時期、北条氏と那須氏が結束を固めていたことが知られる。

〔史料2〕[14]

先日者預㆓音問㆒本望候、為㆑其以㆓使者㆒申届候、仍太刀一腰持㆓進之㆒候、一儀計候、於㆓向後㆒者相応之儀可㆓申承㆒覚悟候、猶期㆓来信㆒候、恐々謹言、

（永禄元年）正月廿二日　　平氏政（花押）

謹上　那須殿（資胤）

永禄三年（一五六〇）正月に、那須氏は佐竹義昭・小山高朝等と、北条氏派の北関東における拠点、下総結城氏の居城結城城を攻撃している。しかし結城方の守りが固く陣を引いている[15]。

永禄三年九月三日付けで、北条氏康が白河結城晴綱に宛てた書状[16]に「当那須方与入魂之儀無㆑之候」とあり、この時期那須氏と北条氏が疎遠になっていたことが知られる。

同年、資胤は足利義氏の上意により、常陸佐竹義昭と白河結城晴綱の和睦を仲介し、北条氏康より感謝の意を表されている[17]ことから、関係が改善したことが知られる。

越後の長尾景虎（のちの上杉謙信。以後上杉謙信と表記する）は永禄三年に上杉憲政を奉じ関東に出兵する。上杉謙信

が関東を席捲する勢いを示すと、資胤は上杉方に去就を変えていく。古河公方足利義氏は資胤を引き止めるべく書状を送ったが、資胤は同意せず、永禄四年、上杉謙信の小田原城攻撃を支援すべく榎本（栃木県栃木市大平町榎本一帯）に出陣している[18]。

越後上杉方の関東での足跡は、永禄三年八月～四年六月、永禄四年十一月～五年三月、永禄五年十一月～六年六月、永禄六年十二月～七年四月、永禄七年十月～十一月、永禄八年十一月～九年五月、永禄九年十二月～十年五月、永禄十年十月～十一月、永禄十二年十一月～元亀元年（一五七〇）四月、元亀元年九月～十二月、元亀二年十二月～三年四月、天正二年二月～二年五月、天正二年十月～十二月と続くが、しだいに北条氏が優勢を強めていく[19]。北条氏は永禄六年二月には、北武蔵における越後上杉方の拠点松山城（埼玉県比企郡吉見町）を攻略する[20]。

2　第二期（永禄六年頃～元亀二年頃）

那須氏は、北条氏の攻勢が続くと再び北条方の立場を取るようになる。第二期の「北条・那須同盟」復活期ともいうべく時期が元亀二年（一五七一）頃まで続くことになる。

永禄六年（一五六三）に推定される二月十八日付け白川結城晴綱宛北条氏康書状[21]に、那須資胤は北条方として記されている。すなわち、氏康は白川晴綱に、那須資胤・小田氏治・結城晴朝と共に「一途御行」するように依頼している。また、永禄六年と思われる四月十四日付け白川晴綱宛河村定真書状[22]に、「氏康父子ハ来廿日之内越河へ究候、越国景虎向レ陣候、定而可レ被二走帰一候、然者無二之可レ為二御一戦一候、至レ無二其義一者、佐・宮之以レ分迄、氏康へ可レ被二乗向一儀者、不二思寄一候、宇都宮者十日之内ニ、落居眼前ニ候、今度者資胤御首尾も可レ合候」と、那須資胤との合意による北条氏康父子の利根川越えのことが記されている。小田氏旗下の信太治房が、永禄七年に比定される九月二十二日付けで白河結城氏に送った書状[23]に、「南方・結城・小山・那須無二入魂被二申結一候」と記されている。

永禄十二年閏五月三日、越相同盟が成立する[24]。北条氏政は越相同盟の成立直後の永禄十二年閏五月十三日付けで、那須資胤に書状を送っている[25]。そこでは武田氏に備え新地を築いて、五日の内に帰陣することを報じている。

〔史料3〕

御状祝着候、如二来意一今度之仕合随分無二残所一候、向二甲州一築二新地一、漸出来候間、五日之内可レ令二帰陣一候、可二御心易一候、委細者、善九郎（北条康成）可二申述一候条、不レ能二細筆一候、恐々謹言、

閏五月十三日（永禄十二年）　氏政（北条）（花押）

那須殿（資胤）

元亀二年十一月十三日付けで小田氏治が上杉謙信に送った覚書[26]に、「一、晴朝・資胤へ意見可レ申儀、令レ得二其意一事」と、那須氏が上杉氏に靡くことが求められていた旨が記されていることから、資胤は、この時期まで北条方であったと思われる。

元亀三年に入り、六月には那須氏は反北条方の佐竹氏と和睦し「那須・佐竹同盟」が成立する[27]。那須氏は再び北条氏から離れている。小山秀綱は北条氏の軍事的脅威に対して、天正元年（一五七三）八月九日付けで那須資胤に書状[28]を送り、那須資晴の加勢を要請している。資胤は、一時期上杉謙信方となり、天正二年十一月二十四日には北条方の関宿城攻撃に対抗すべく出陣要請を受けている[29]。

資胤は、天正五年閏七月までに謙信と手切れしている。謙信が天正五年閏七月四日付けで梶原政景に宛てた書状に「随而那須手替之由、無二心元一候」と記されている[30]。

結城晴朝は天正六年五月六日付けで資胤に書状[31]を送り、北条氏との合戦に備え資胤の出陣を要請している。資胤・

資晴父子は同年六月の常陸小川台合戦に、佐竹氏・宇都宮氏・下総結城氏・大掾氏などと結び北条氏軍と対峙している[32]。

水谷蟠龍斎は、天正八年三月二十三日付けで資胤に書状[33]を送り、何事も結城晴朝と相談してほしいこと、西上野地域に那須氏が出陣する際には万端申し述べることを伝えている。那須氏はまた一時、甲斐の武田勝頼とも結び[34]、関八州の武力制圧を目指す北条氏と敵対していく。天正八年十二月七日付けで、結城晴朝は資胤に書状[35]を送り、「此度甲陣為二手合一義重出馬、(中略)自二甲州一一左右次第、不レ嫌二時節一可レ被二打出一候」と述べている。

資晴が那須氏当主として発給した天正十年に比定できる四月十四日付けの書状[36]が確認できる。同年四月中旬頃までに、資胤から資晴への代替わりが行われた[37]。

同年五月二十六日付けで、小山秀綱は資胤に書状[38]を送り、「仍祇園去十八滝川所江自二南方一被二相渡一後、爰許江滝左可レ被二相渡一分ニ候、聞召可レ為二御満足一候」と、織田氏の支配が上野国に及んだことを歓迎する旨を述べている。

資胤の子資晴は、天正十年のものと思われる十一月三日付けで会津芦名氏に書状[39]を送り、北条氏直の上野出兵に際し、佐竹義重と協力して戦ったことを伝えている。結城晴朝が隠居した那須南(資胤)に宛てた天正十一年に比定される一月十八日付けの書状[40]に、「旧冬者資晴御祝儀、義重以二媒介一成就由候」と記されており、資晴が結城晴朝の娘と結婚したことが知られる[41]。那須氏の反北条氏寄りの動きは天正十年の冬頃まで続いたものと思われる。これは資胤が反北条氏の対外政策を取っていたことによるものと考えられる。

資胤は天正十一年二月十一日に死去する[42]。資胤が没し、資晴が那須氏の実権を握ると、北条氏寄りの動きに転じる。

那須氏が北条方に転じた理由としては、那須氏と佐竹氏は元亀三年に軍事同盟を締結していたが、常陸・那須の国境では、佐竹氏と那須氏の間で小競り合いが続き軍事的緊張状態が継続していたことによるものと考えられる。

那須氏の北条氏寄りの姿勢は、天正十一年に推定される八月二十三日付けの白川義親宛北条氏照書状で、氏照が義親に「義重当口へ為㆑動、昨廿二太田へ打立候由、方々同説候、此時至于那須之庄御一行肝要至極候、有㆓御猶予㆒者其曲有間敷候、御手前御本意之筋目と云、又当方御入魂之筋目と云、旁以今般那須口之御行所希候」と、北条氏寄りの那須氏と同一歩調を取ることを求めていることからも知られる[43]。

天正十二年四月中旬、資晴は、沢村の地（矢板市沢一帯）で宇都宮氏・川崎塩谷氏と戦い勝利している[44]。この後一時、舅の結城晴朝の影響もあってか資晴は北条氏に距離をおく。佐竹義重・結城晴朝等と四月から七月まで、沼尻で北条軍と対陣している[45]。この時期、資晴は反北条氏領主連合に与した。

塩谷氏領は那須氏と宇都宮氏の勢力圏に挟まれており、那須・宇都宮両氏はたびたびこの地で戦っている。塩谷氏はもともと源氏の出身であったが、川崎城主の川崎塩谷氏は、途中から宇都宮朝業（塩谷兵衛尉）が塩谷氏を継いだこと[46]から宇都宮一族となっていた。一方、喜連川城主（さくら市喜連川）の塩谷氏は源氏の系統を守り嫡流意識がつよかった[47]。川崎塩谷氏は宇都宮氏と結んでいたが、川崎塩谷氏が喜連川城を占拠したことから、喜連川塩谷氏は那須氏と結び対立していた。

資晴は天正十三年三月、薄葉ヶ原（大田原市薄葉一帯）で川崎塩谷氏と戦っている[48]。川崎塩谷氏は宇都宮氏の主要な一族である。宇都宮国綱は薄葉ヶ原の合戦に先立ち、那須口への出陣について佐竹義重と相談している[49]。

太田道誉は江戸上野介に宛てた天正十三年三月十四日付け書状[50]で、「前日之御報披見、仍那須・塩谷事切候由、自㆓宮筋㆒重説候、偏口惜存迄候、下妻へ御伝言可㆓申届㆒候、小之儀何与落着申候哉」と述べ、「那須・塩谷事切」から那須氏が反北条氏領主連合から脱落するのではと懸念している。

〔史料4〕[51]

依レ無二題目一、遥々不二申達一候、本意之外令レ存候、然者塩谷境目菟（兎）角付而、向二彼地一御出馬之由及レ承候、就レ之自二宇都宮一も被レ及二御防戦一之間、一昨日者互ニ被二打向一之段及レ承候、乍レ恐無二御心元一奉レ存候間、使者以申上候、此段可レ然御披露任入候、恐々謹言、

多賀谷
重経（花押）

（天正十三年）三月廿八日

烏山
御館□

川崎塩谷氏と那須氏間の関係を憂慮した多賀谷重経は、資晴に「乍レ恐無二御心元一奉レ存候」と諫言している。白川義親は天正十三年四月一日付けで宇都宮氏の重臣今泉但馬守に書状を送り[52]、「去廿五資晴陣所近辺へ被レ覃二整儀一候由、其听候、様体無二御心元一候、関・奥之覚不レ可レ然候歟、被レ属二平和一候様可レ為二肝要一候、定義重・晴朝可レ被二申届一候歟、可レ然様被二取成一専用」と述べている。また、大掾清幹は宇都宮氏に諫言している[53]。

薄葉ヶ原の合戦は、資晴が「十死に一生」を得たというほどの激戦であった[54]。しかし、資晴は国綱を敗走させ、「喜連川」（さくら市大字喜連川字倉ヶ崎）、「泉」（矢板市東泉）、「小幡」（矢板市乙畑）、「山田」（矢板市山田）、「宇都野」（那須塩原市大字宇都野字古城）、「鷲宿」（さくら市大字鷲宿字内出）等の小城をことごとく那須方に属させたという[55]。同年秋に佐竹義重・結城晴朝の仲介で、那須資晴は宇都宮国綱と和睦している[56]。北条氏軍は天正十三年十二月中旬から宇都宮氏領に攻め込み、宇都宮城下の寺社を焼き払っている[57]。那須氏は北条氏軍の宇都宮進攻を事前に知らされていたかのように、宇都宮方塩谷領「石居之地」を侵攻している[58]。その一方で、資晴は、翌十四年四月三日付けで佐竹義重から、古河表まで進軍してきた北条氏軍に対抗するため出馬を要請されている[59]。那須氏は四月中旬には、反北条方

の宇都宮氏と戦っている(60)。五月中旬に宇都宮氏は北条氏直軍と戦っている(61)。八月には、那須氏は北条氏軍と対峙する結城晴朝を支援している(62)。この時期の那須氏は反北条氏方の宇都宮氏とは戦い、同じ反北条氏方の佐竹氏・結城氏とは結ぶという、複雑な立場を取っていた。

3　第三期（天正十四年九月～天正十八年七月）

天正十四年（一五八六）九月、第三期の北条・那須氏間の密約時代に入る。本論では「密約」を、客観的状勢から推定される同盟関係と定義する。天正十四年の九月になると那須氏は佐竹氏・結城氏の影響力を脱し宇都宮氏と抗争していく(63)。資晴は北条氏と密約を結ぶことにより、反北条氏領主連合を完全に離脱したといえよう。資晴の北条氏寄りの姿勢は、天正十八年の秀吉の小田原城攻めによって七月五日に北条氏が降伏するまで、一貫して続くことになる。

天正十四年九月～十二月頃のものと思われる、伊達政宗文書の某宛書状に「兼又南方氏直（北条）備之事、追レ日宮中表被レ属二本意一候、於二近日一ニ、従二那須上庄一、一両輩氏直出仕之由候(64)」と、那須氏と北条氏との関係の深さを窺わせる記述がある。

天正十五年にも那須氏が宇都宮方と戦っていたことが「今宮祭祀録」により知られる(65)。天正十六年七月八日には、那須氏は川崎塩谷氏の川崎城を攻めている(66)。天正十七年五月上旬、那須氏は一千余騎で多気城を攻めたという(67)。那須氏はその後も宇都宮氏と抗争を続け、天正十七年十月に資晴は、秀吉から宇都宮氏との戦いをやめるよう命じられている(68)。しかし、那須氏は秀吉の停戦命令を無視し、北条氏寄りの姿勢を貫く。

天正十八年の秀吉の小田原城攻めに際しても、北条氏との密約を貫き通し、秀吉に与することはなかった。

二　「北条・伊達・那須同盟」の成立

秀吉は天正十四年（一五八六）五月に塩谷義綱に停戦命令を発して、[69] 塩谷領をめぐる那須氏・宇都宮氏両氏間の領土紛争に介入してくる。秀吉の、天正十四年十月十六日付け資晴宛朱印状[70]が那須文書に残されている。「為二音信一太刀一腰・馬代銀子百両到来候、遠路懇情悦入候、東八州・奥両国置目等近日可二申付一之条」と伝えられている。「東八州・奥両国置目」は惣無事令のことを指すと思われる。

秀吉は天正十四年の十一月から十二月にかけて、関東・奥羽の領主たちに惣無事令を発令し、[71] 北条氏・伊達氏討伐を視野に入れて動きだすと、東国における北条氏の圧倒的優勢という状況にも陰りが見え始める。

那須資晴も豊臣政権の動きを視野に入れた戦略をとっている。那須文書の中に豊臣秀吉関係の文書は一七通ある。資晴は太刀や馬の代銀を秀吉に献上し誼を通じる。那須氏はこの時期、北条氏・豊臣氏双方に通じる戦略を取っていたことが知られる。

『武徳編年集成』上巻によれば、那須氏は天正十六年五月に秀吉に使者を派遣する。[72] 資晴は秀吉に接近しつつも北条氏寄りの姿勢を堅持して、宇都宮氏・川崎塩谷氏と戦っていく。

那須氏は、天正十七年六月の磨上原合戦時は、伊達氏と対立する芦名氏寄りの立場を取っていた。[73] しかし、磨上原合戦に伊達氏が勝利し、伊達政宗が六月十一日に会津黒川城（福島県会津若松市）に入城すると、那須氏は伊達氏に接近していく。天正十七年七月、伊達氏は白川義親と盟約を結ぶ。[74]

那須氏はすでに、天正十四年二月には「北条・伊達同盟」[75]が、同年九月には北条・那須氏間の密約が成っていたことから、さらに伊達氏と結ぶことで「北条・伊達・那須同盟」の構築を目指していたものと考えられる。資晴が天正十七年八月十九日付けで伊達氏寄りの白川義親に宛てたと思われる書状に、[76]「然者新国上総介、黒川へ令二出仕一候哉、至而此上者、岩瀬表へ政宗可レ被二打出一由、令二推分一候、佐中于レ今須賀川ニ在番候歟、彼筋珍布儀候者、即刻可レ蒙レ仰候、将亦大手口之事、従レ京都以二御下知一、沼田地南方へ被二明渡一之由候、北条左衛門佐方、被二請取一之由、中来候」とある。

資晴は、岩瀬長沼城主（福島県須賀川市長沼）である新国貞通の黒川への出仕について触れている。岩瀬二階堂氏の居城須賀川は、当時佐竹氏の奥州への前線基地となっており、「佐中」とは佐竹中務大輔義久を指すと考えられる。資晴は佐竹氏の須賀川在番に批判的な立場を取っていたことが知られる。北条左衛門佐とは佐野（北条）氏忠を指すと考えられ、資晴は北条氏と連絡を取り合っていたことが知られる。

〔史料5〕

其方事、対二宇都宮一意趣有レ之而、彼表江荒々及レ行旨其聞候、存分於レ有レ之ハ、得二上意一可レ随二其趣一、猥其族ハ、無二是非一候、所詮重而諸境目之儀、堅可レ被二仰付一候条、其以前之事、可二矢留一候、委細大関土佐守（晴増）被二仰含一候、此上不届之働候者、弥可レ為二曲事一候、尚増田右衛門尉・石田治部少輔可レ申候也、

（天正十七年）十月朔日　秀吉

那須太郎（資晴）殿

秀吉は天正十七年十月一日付けの資晴宛書状で、[77]即時停戦せよと命じている。

〔史料6〕[78]

就二其表之儀一被レ成二御書一候、何茂国々無事ニ被二仰付一候処、其表猥之様体相ニ立御耳一候、対二宇都宮一縦私之意

趣候共、被レ及二鉾楯一候段、御為不レ可レ然候、何様ニも被レ任二上意一尤に存候、尚大関土佐守（晴増）可レ為二演説一候、御分別肝要候、恐々謹言、

（天正十七年）十月五日　　増田右衛門尉長盛在判
石田治部少輔三成在判

那須太郎（資晴）殿

史料6は史料5の副状とみられる、だが那須氏は、これらを無視している。興味深いことに那須宗家には「北条・伊達・那須同盟」の確約があったことが言い伝えられている[79]。那須氏の進路を決めた極めて重要な証言といえよう。那須氏が秀吉の命令を無視した背景には、十月段階で、すでに「北条・伊達・那須同盟」が成立していた可能性があるといえよう。それに、ひきかえ、宇都宮氏は天正十七年三月段階で、石田三成を通じて秀吉に恭順の意を表明している[80]。

天正十七年十二月二十日付け中島宗求宛の伊達政宗書状[81]に、「小田原ヨリも被レ及二音信一候キ、其外結城・那須・糠田方々より、度々通信之義候」とある。北条氏・伊達氏・那須氏が結束を固めていたことが知られる。

天正十八年正月十三日付け塩谷義綱宛の石田三成書状[82]の中で、三成は義綱に「慮外之族一々達二上聞一候、一段曲事ニ思召、最前大関土佐守方ニ様体被二仰付一、那須へ被レ成二御書一候条、（中略）近々北条為二御成敗一御動座ニ候条」と、三成は那須氏を「慮外之族」と表し、那須氏に対する憤懣やるかたなき気持と、小田原城攻めが近いことを伝えている。

那須氏は「北条・伊達・那須同盟」を梃子に、宇都宮氏・川崎塩谷氏の両氏と戦いを続け、秀吉に抵抗していった。

また、天正十八年正月二十四日付け白川義親宛政宗書状[83]には、「今度那須各々へ、彼客僧指遣候付而、用一箇候、

乍二勿論一、来月中早速其口へ可二打出一候間、其以前野州常州口逼塞之族、弥被二相調一候ハん事、可レ為二肝要一候、兼又、義宣入馬之由承候キ、但于レ今在馬候歟」とある。政宗は二月中には、白河口への出馬のことを、白川義親のみならず、那須おのおのへも伝えていたものと考えられる。佐竹義宣は白川義親領に侵攻しており、伊達・白河結城両氏にとって佐竹氏の存在が大きな障碍となっていた。資晴は妹を義宣に嫁がしていた。これは、元亀三年（一五七二）に成立した「那須・佐竹同盟」の条件として婚約が成立し(84)、天正十三年に婚儀がなされたものであった(85)。資晴が「伊達氏・白河結城氏対佐竹氏間」を調整し、和議がなり、協力関係が成立していたならば、「北条・伊達・佐竹・白河結城・那須同盟」が成立し、秀吉に対して大きな発言権を得たであろう。

「貞山公治家記録」巻之十二の記録によれば、天正十八年一月十九日に、資晴の使者が政宗のもとに到来している(86)。そして、同月二十五日に、政宗は修験僧元越を那須へ「お使い」として指しむけている(87)。同年二月二十五日には資晴からの飛脚が伊達方に到着している(88)。同年三月十七日には、資晴が陸奥黒川城に派遣した使臣と政宗が対面している(89)。秀吉に対抗するため伊達氏・那須氏の両氏が対秀吉策を協議していたものと考えられる。

〔史料7〕(90)

覚

一出馬延引之事口上段々

一世上浮沈共ニ尽未来御入魂之事、

一当備之事、

以上、

（天正十八年）三月廿一日　（伊達政宗）（印）

那須（資晴）殿

この史料によれば政宗は、軍を南下させることに慎重な姿勢をしめしながらも「世上浮沈共ニ尽未来御入魂之事」を約している。

三　秀吉小田原城攻めと那須氏

天正十七年（一五八九）十一月二日に真田領を攻めた北条氏を、秀吉は「惣無事」令に背いたとして討伐宣言を出し、天正十八年三月一日、京都を出陣する。この時に至り結束を誇った那須七騎の足並の乱れが顕在化する。下野を出発した大田原晴清は同月二十七日に駿河の沼津で秀吉に拝謁し賞されている(91)。大関氏は秀吉に内通しており、資晴及び他の那須一族に、秀吉方として小田原に参陣することをすすめている(92)。福原資孝はこれに従っている(93)。芦野盛泰も同意している(94)。千本義政はこの時点では同意していない。伊王野資宗は同意せず(95)、資晴は頑強に拒否している(96)。資晴は「北条・伊達・那須同盟」に望みを託し、秀吉と一戦を交える覚悟があったものと思われる。

しかし、伊達氏はこの直後、秀吉に従い、北条氏と断絶する方針転換を決定する。三月二十一日付けで、那須氏宛に「覚」(97)を提出した、わずか三日後の三月二十四日付けで、政宗は前田利家の子羽柴孫四郎（前田利長）宛書状(98)で「関東江御動座之由、其聞候条、則為㆓後詰㆒罷出候、依ㇾ之条々以㆓墨付を㆒筑前憑入旨候、乍㆓幾度㆒御同前ニ馳走任入迄候、仍折節之間、黄金十両令ㇾ進ㇾ之候」と述べている。

三月末には、秀吉方は北条方の伊豆山中城を陥落させる。四月一日付け大関晴増宛秀吉直書(99)で、駿河国三枚橋（静岡県沼津市三枚橋）にて晴増の書状を披見したことを述べ、「小田原表行急度可㆓申付㆒候」と命じている。晴増は、同月二日には佐竹義宣に対して速やかに秀吉に来謁することを勧めている(100)。四月六日には北条氏の本拠小田原城を秀吉が完全に包囲すると、大勢は決まった。大関氏・芦野氏・福原氏は揃って小田原の秀吉の元に参陣する。資晴は動かない。四月十二日付けで秀吉に書面を遣わしているが(101)、内容は不明である。資晴の決断は次の史料に表れている。

〔史料8(102)〕

来札委令二披見一候、仍自二那須一手切之様体者、顕二紙面一候、尤無念此事候、先達如二相伺一候、近日上路之事に候間、応而下向之上、諸口可レ任二存分一候、於二時宜一可二心安一候、万々□儀之上、早継ニ申越候、恐々謹言、

卯月廿二日　政宗（花押影）

関窓斎

資晴が頼みとした「北条・伊達・那須同盟」は、秀吉の軍事的圧力に屈した政宗の秀吉方への内通により機能せず、資晴は、政宗と事切れする。同月、資晴は政宗と結ぶ白川義親とも事切れする(103)。

関窓斎は、白川方として政宗・義親間の連絡役を務めた人物として知られる(104)。そして「自二那須一手切」とあるが、その原因は政宗の秀吉方への内通にあったことはいうまでもないであろう。那須氏と、伊達氏・白河結城氏の間は同盟関係から一転して敵対関係に陥ったのである。

この時に至って北条氏もまた、武門の本分である闘争心を失くしたのか、城から討って出て秀吉軍と一戦も交えることはなかった。

四月二十九日付け佐竹義久書状(105)に「自二那須一も向二白川一、去二十一蓦直之被レ及二事切一候、傍以奥口静謐も不レ可レ有程候」とあり、資晴が白河結城氏領に攻め入ったことが知られる。政宗は五月九日に会津黒川を出発し小田原に向かう。小田原参陣に際し、白川義親に白河口の守備を厳重にするよう要請し、また、佐瀬伯耆守に対して那須口の守備

を厳重にするよう命じている[106]。小田原迄の通路は下野を通過することなく、越後を迂回している。すなわち那須氏の存在が原因と考えられる。

五月十五日、秀吉は那須氏に最後の出陣要請をするが、資晴は静観する。

〔史料9〕[107]

卯月十二日書状今月十五日令㆓披見㆒候、如㆓来意㆒小田原事厳被㆓詰置㆒之上、急度可㆑被㆑刎㆓氏直首㆒儀勿論候、然者八州城々為㆑如㆓見聞㆒之条、路次無㆓其煩㆒候、定而近日可㆑為㆓参陣㆒候間、其節可㆑被㆓仰聞㆒候、尚増田右衛門可㆑申候也、

（天正十八年）五月十五日　○（秀吉朱印）

那須太郎とのへ

この出陣要請に応じて、資晴が小田原に参陣していたならば改易は免れたであろ。資晴が動かなかった理由として考えられるのは、那須氏対伊達氏・白河結城氏間の事切れ、及び那須氏対塩谷氏・宇都宮氏間の領土紛争が解決していない点が上げられる。白川義親も資晴同様に小田原に参陣していない。両氏ともに改易の憂き目をみている。五月二十七日、宇都宮国綱・佐竹義宣らが小田原の秀吉の元に参陣し拝謁している。この時、千本義政は佐竹義宣に従い、塩谷義綱は宇都宮国綱に従い小田原に参陣したことが確認できる[108]。資晴は「那須・佐竹同盟」の縁により、義宣とともに小田原に同行することも可能であったろう。資晴は動かず、最後の機会を逃したのである。

政宗が六月五日小田原に到着後まもなくして、大里城（福島県岩瀬郡天塩村）で、二階堂氏の旧臣が政宗に反旗を翻し決起した。政宗の対秀吉戦略は、白河関以北を死守するというものであった。しかしながら、政宗が掌握した奥羽の地において綻びが露呈したのである。政宗は六月二十六日、白川義親の大里城攻めの陣労を評価し[109]、翌二十七日、

白河を守る義親の臣、河東田重清に対して、白河口の用心を求めている。[110] 政宗の那須氏に対する警戒心をみてとれる。北条氏が降伏するまで那須・白河の境目は臨戦状態にあったといえよう。七月五日に北条氏が降伏しても、大里城は落城することはなかった。

　資晴は、北条・那須氏間の密約を遵守したがゆえに、秀吉の小田原城攻めを静観せざるを得なかったと思われる。この密約は、七月五日小田原城の北条氏が降伏するまで続くのである。

　資晴は、秀吉の小田原への参陣要請を拒否することで武門の意地を見せたのである。資晴が天然の要塞である雲巌寺（大田原市雲岩寺）に立て籠り秀吉勢を迎い撃つ、との風聞がたった。資晴は烏山城（那須烏山市）を開退後、烏山に入ってきた織田信雄の軍勢を家臣に偵察させたという。[111] 実際に、雲巌寺が秀吉の軍勢に焼き払われ、寺領を没収された史実からして、資晴の決起は風聞に止まらない可能性がある。[112]『野州東山雲巌禅寺旧記』に「天正庚寅（十八年）天下諸宗如会昌年中、就レ中当山寺務払地尽、悲哉」「去歳（天正十七）仲冬資晴公得々来駕」とある。[113] 資晴と雲巌寺との関係の深さが知られる。那須家の伝家の宝刀ともいうべき「成高」が雲巌寺に伝来してきた。[114] この太刀は、元暦二年（一一八五）、源平合戦で扇の的を射た際に那須与一宗高（宗隆）が佩刀していたと伝えられている。名刀「成高」は資晴により雲巌寺に奉納されていたものと考えられる。また、東京大学史料編纂所に「那須与市資隆所納金僕姑鳴鏑図」が所蔵され、図の中に「資晴奉レ備」と記されている。[115] 資晴が下野国那須温泉神社（那須郡那須町）に奉納したものであることが知られる。資晴は秀吉軍との合戦に際して、那須氏伝来の宝物を後世に伝える措置を取ったものと考えたい。

　烏山城を退去した資晴は佐来土城に隠棲した。秀吉が奥州仕置に向かう途中、大田原城に宿泊した際に、大田原晴清が秀吉に見参するよう資晴を説得したが拒否したという。[116]

　資晴は所領没収となった。資晴に味方した喜連川塩谷氏の塩谷惟久（孝信）は出奔したという。

むすびに

那須氏は第一期、弘治三年（一五五七）頃～永禄三年（一五六〇）頃まで、第二期、永禄六年頃～元亀二年（一五七一）頃まで、第三期、天正十四年（一五八六）九月～天正十八年七月まで、と三期にわたり北条氏との深い結びつきが確認できる。第一期については、那須氏が北条氏に起請文を提出していることから「北条・那須同盟」が締結されたといえよう。第二期については、関連史料から「北条・那須同盟」が復活されたといえよう。

第三期については天正十四年九月から天正十八年七月五日の北条氏の降伏まで、北条・那須氏間の密約時代が存在したとみてまちがいあるまい。天正十四年二月にはすでに「北条・伊達同盟」が成立していた。那須氏は北条氏と密約を結ぶとともに、天正十七年六月中旬から伊達氏に接近し、その後、同年十月までに同盟関係を結んだと推定される。これにより、北条氏・伊達氏・那須氏の三氏間の同盟が構築されたことになる。那須宗家には「北条・伊達・那須同盟」の確約があったことが言い伝えられている。那須氏の運命を決定した極めて重要な証言である。

那須氏が秀吉の天正十七年十月一日付けの命令を無視した背景には、同年十月段階で「北条・伊達・那須同盟」が成立していた可能性がある。しかし、秀吉の軍事的圧力に屈した伊達氏が天正十八年三月に、三氏間の同盟から脱落したことにより、「北条・伊達・那須同盟」は歴史的に機能することなく消滅し、北条氏・那須氏間の密約だけが継続した。関東・奥州の武門には節を屈して秀吉に迎合した事例もあった。一貫して北条方を堅持した那須氏の事例は特筆されるべきであろう。秀吉の小田原城攻めは、武門の家風の違いを知る好個の材料といえよう。

註

（1）粟野俊之「東国「惣無事」令の基礎過程―関連史料の再検討を中心として―」（永原慶二編『大名領国を歩く』吉川弘文館、一九九三年）参照。
（2）「佐八文書」壬生綱雄書状（『喜連川町史』第二巻　資料編2古代・中世、喜連川町史編さん委員会、二〇〇一年〈以下『喜連川』と略す〉一〇七号）。
（3）「法華文句」輪王寺所蔵（『鹿沼市史』資料編古代・中世、鹿沼市史編さん委員会、一九九九年、三二四号）。
（4）「今宮祭祀録」（さくら市西導寺所蔵、『高根沢町史』史料編Ⅰ原始古代・中世、高根沢町史編さん委員会、一九九五年所収）。
（5）『宇都宮市史』中世通史編（宇都宮市史編さん委員会、一九八一年）第七章第五節参照。
（6）「那須文書」北条氏政書状（『那須文書』栃木県立博物館、一九八八年〈以下『那須』と略す〉八四号）・「那須文書」北条氏康書状（『那須』八一号）。
（7）「那須文書」北条氏康書状（『那須』八一号）。
（8）「那須文書」北条氏政書状（『那須』八四号）。
（9）『佐竹系譜』（常陸太田市史編さん史料（九）、常陸太田市史編さん委員会、一九七八年）一四七頁、及び『栃木県史』通史編3（栃木県史編さん委員会、一九八四年）参照。
（10）「那須文書」北条氏康書状（『那須』七七号）。
（11）註（10）と同じ。
（12）「那須文書」足利義氏書状（『那須』五〇号）。

(13)「那須文書」北条氏康書状(『那須』八二号)、「那須文書」北条氏政書状(『那須』八三号)。
(14)「那須文書」北条氏政書状(『那須』八三号)。
(15)「結城家之記」(東京大学史料編纂所所蔵、『結城市史』第一巻　古代中世史料編、結城市史編さん委員会、一九七七年所収)。
(16)「東京大学所蔵白川文書」北条氏康書状(『戦国遺文　後北条氏編』第一巻、東京堂出版、一九八九年、六四一号)。
(17)「那須文書」北条氏康書状(『那須』八九号)。
(18)「那須文書」長尾景虎(上杉謙信)書状(『那須』七四号)。なお、那須氏が上杉氏寄りであった時期の史料としては、「白川文書」上杉輝虎書状(『新潟県史』資料編5中世三、新潟県、一九八四年〈以下『新潟』と略す〉三二〇八号)、「伊佐早謙氏所蔵文書」上杉輝虎条目案〈『新潟』三三九六号〉、「佐賀牛右衛門氏所蔵文書」上杉輝虎書状〈『新潟』三七四五号〉等がある。
(19)貝川正治・鈴木利夫『上杉謙信の生涯』(新潟日報事業社、一九八六年)、矢田俊文「上杉謙信と戦国の越後」(講演会資料、二〇〇七年三月十五日)、花ヶ前盛明編「上杉謙信孤高の四十九年」(詳細資料年表)(別冊歴史読本、特別増刊、『上杉謙信の生涯』新人物往来社、一九七八年)等を参照。
(20)「東北歴史資料館所蔵国分文書」北条氏康書状(『戦国遺文　後北条氏編』第一巻、東京堂出版、一九八九年、八〇五号)。
(21)「白川文書」北条氏康書状(『戦国遺文　後北条氏編』第一巻、東京堂出版、一九八九年、八〇三号)。
(22)「伊勢結城文書」河村定真書状(『小山市史』史料編・中世、小山市史編さん委員会、一九八〇年〈以下『小山市史』と略す〉五八七号)。

(23)「遠藤白川文書」信太治房書状(『小山市史』五九八号)。
(24)『小田原市史』通史編　原始古代中世(小田原市史編さん委員会、一九九八年)第八章・第一〇章参照。
(25)「栃木県立博物館所蔵那須文書」北条氏政書状(『戦国遺文　後北条氏編』第二巻、東京堂出版、一九九〇年、一二四五号)。
(26)「歴代古案」小田氏治覚書写(『群馬県史』史料編7　中世3編年史料2、群馬県史編さん委員会、一九八六年〈以下『群馬県史』と略す〉二六七四号)。
(27)「金剛寿院文書」六号、佐竹義重起請文(『栃木県史』史料編・中世一、栃木県史編さん委員会、一九七三年〈以下『栃木』中世一と略す〉)。
(28)「常陸遺文」考哲小山秀綱書状案(『小山市史』六四九号)。
(29)「那須文書」上杉謙信書状(『那須』補遺二号)。
(30)「太田文書」四号、上杉謙信書状写(『栃木県史』史料編・中世三、栃木県史編さん委員会、一九七八年〈以下『栃木』中世三と略す〉)。
(31)「大竹房右衛門氏所蔵文書」一号、結城晴朝書状(『栃木』中世三)。
(32)「東北大学文学部国史研究室所蔵白川文書」遠山政景書状(『戦国遺文　後北条氏編』第三巻、東京堂出版、一九九一年所収、二〇〇四号)、「白川文書」北条氏舜書状(同所収、二〇〇五号)、『小川岱状』(国立公文書館所蔵)。なお、小川台合戦とは茨城県筑西市小川一帯で行われた合戦である。
(33)「滝田文書」一号、水谷全珍蟠龍斎書状(『栃木』中世一)。
(34)「那須文書」武田勝頼書状(『那須』七〇号)。

(35)「滝田文書」二号、結城晴朝書状(『栃木』中世一)。

(36)「赤松輝子氏旧蔵文書」那須資晴書状(『茨城県史料』中世編Ⅲ、茨城県、一九九〇年)。

(37)「金剛寿院文書」九号、佐竹義重起請文(『栃木』中世一)。天正十年六月二十四日付け、「烏山南(資胤)・那須(資晴)殿」宛の同書に「資晴御父子へ無二可レ申合レ候事」と、資晴を重視した表記がなされていることからも、この時点で資胤から資晴への代替わりがなされていたものと考えられる。

(38)「立石知満氏所蔵文書」六号、孝山小山秀綱書状案(『栃木』中世三)。

(39)「三浦大輔氏所蔵文書」那須資晴書状(福島県立博物館平成二年度第三回企画展図録『秀吉・氏郷・政宗―奥羽仕置四〇〇年―』)。

(40)「立石知満氏所蔵文書」二号、結城晴朝書状(『栃木』中世三)。

(41)那須資晴の妻については、結城晴朝の娘と小山秀綱の娘(資景の母)の二人が確認できる。『那須記』は小山氏出身の女性が病没後、結城晴朝の娘と再婚したとする。しかしながら資景の生年が天正十四年(『日本史総覧』コンパクト版Ⅱ、五三二頁参照)であることから、資晴と結城晴朝の娘との再婚は天正十四年以降となり、史料と合致しないため、この説は首肯できない。資晴は天正十年に結城晴朝の娘と結婚したが病没した。それで、小山秀綱の娘と再婚し、天正十四年に嫡男資景が誕生したものと考えたい。荒川善夫氏は「戦国期地域権力下野那須氏の動向と存在形態」(『歴史と文化』第三号、栃木県歴史文化研究会、一九九四年)で三月十三日付、那須南宛結城晴朝書状(前掲註(40)を参照)を天正十四年に比定し、那須資胤が天正十四年まで生存していた可能性があるとしている。しかしながら資胤が天正十一年二月十一日(『那須』所収「那須系図」1、資胤の項)に没していることから、荒川善夫氏の説は首肯できない。

(42)『那須』所収「那須系図1」資胤の項。

(43)「東京大学史料編纂所本白河証古文書」北条氏照書状写(『戦国遺文　後北条氏編』第五巻、東京堂出版、一九九三年所収、三九一三号)に「昨廿太田(上野国新田郡)へ打立候由」とあることから、天正十一年に比定した。『戦国遺文　後北条氏編』第五巻は、年未詳として天正十八年の項に入れている。

(44)「立石知満氏所蔵文書」四号、蟠龍斎全珍水谷正村書状(『栃木』中世三)。

(45)『継志集』(国立公文書館所蔵)所収、「沼尻合戦之事」。

(46)「宇都宮系図」(『続群書類従』第六輯下)朝業の項。

(47)「塩谷系図」(関喜作氏所蔵『喜連川』)。

(48)「平沼伊兵衛氏所蔵文書」五号、那須資晴充行状(『栃木』中世三)、『那須記』(『栃木県史』史料編・中世五、栃木県史編さん委員会、一九七六年〈以下『栃木』中世五と略す〉)巻之十二「薄葉合戦事附大関軍法」、『那須譜見聞録』(東京大学史料編纂所所蔵)巻之三、所収「那須系図」資晴の項。

(49)「佐竹文書」一五号、宇都宮国綱書状(『栃木』中世三)。

(50)「江戸家文書」三楽斎道誉書状写(『古文書』〈静嘉堂文庫所蔵〉)。

(51)「烏山町所蔵文書」多賀谷重経書状(『喜連川』写真三六)。

(52)「小田部庄右衛門氏所蔵文書」一三一号、不説白河義親書状写(『栃木県史』史料編・中世二、栃木県史編さん委員会、一九七五年〈以下『栃木』中世二と略す〉)。

(53)「小田部庄右衛門氏所蔵文書」一三二号、大掾清幹書状写(『栃木』中世二)。

(54)「平沼伊兵衛氏所蔵文書」五号、那須資晴充行状(『栃木』中世三)。

(55)『那須』所収「那須系図1」資晴の項。

(56)「新編会津風土記」一三号、那須資晴書状写(『栃木県史』史料編・中世四、栃木県史編さん委員会、一九七九年〈以下『栃木』中世四と略す〉)。
(57)荒川善夫「中世下野の多気山城に関する一考察」(『歴史と文化』第二号、栃木県歴史文化研究会、一九九三年)参照。
(58)「小田部庄右衛門氏所蔵文書」九八号、宇都宮国綱官途状写(『栃木』中世二)。
(59)「那須文書」一一三号、佐竹義重書状写(前欠)(『栃木』中世二)。天正十三年には資晴の妹と佐竹義宣との婚儀がなされ(『時の旅　四百年　佐竹氏入部』秋田魁新報社、二〇〇四年、二一三頁参照)、さらに那須氏は伊王野資信を通じて天正十三年八月三日付けで佐竹義重・義宣父子に書状(『千秋文庫所蔵佐竹古文書』一〇三・一〇四号)を送り誼を通じている。この時期、那須氏と佐竹氏の関係は良好であった。
(60)「小田部庄右衛門氏所蔵文書」四二号、宇都宮国綱官途状写(『栃木』中世二)。
(61)註(57)と同じ。
(62)「水府明徳会彰考館所蔵佐野家文書」結城晴朝書状写(「未刊の東国関係文書」所収、『北区史研究』一、一九九二年)。晴朝はまた、天正十四年三月にも「那須南江」の宛名で資晴に書状(「立石知満氏所蔵文書」三号、『栃木』中世三)を送り、北条氏に備えるよう助言していた。晴朝と資晴が昵懇の関係にあったことが知られる。資晴が結城晴朝を支援したのは、晴朝が資晴の先妻の父であった縁によるものと考えられる。
(63)「秋田藩家蔵文書一五　十二所給人茂木筑後知量組下家蔵文書」二号、宇都宮国綱官途状写(『栃木』中世三)、「塩谷文書」二号、宇都宮国綱官途状(『栃木』中世三)。
(64)「伊達政宗文書」某宛書状(『仙台市史』資料編一〇　伊達政宗文書1、仙台市史編さん委員会、一九九四年〈以下『政宗文書1』と略す〉九〇三号)。

(65)「今宮祭祀録」(さくら市西導寺所蔵、『高根沢町史』史料編Ⅰ原始古代・中世、高根沢町史編さん委員会、一九九五年所収)天正十五年条。

(66)『寛永諸家系図伝』第九(続群書類従完成会、一九八六年)所収「芦野系図」や、『新訂寛政重修諸家譜』第十二(続群書類従完成会、一九八一年)所収「芦野家譜」盛泰の項、「常陸遺文」三号、塩谷義綱充行状写(『栃木』中世四)。

(67)『宇都宮興廃記』(東京大学史料編纂所所蔵)。

(68)「創垂可継所収文書」豊臣秀吉朱印状写(『喜連川』一六四号)。

(69)「秋田藩家蔵文書三　佐竹左衛門義命幷組下角館給人及家臣塩谷民部方綱幷組下角館給人家蔵文書」三号、豊臣秀吉朱印状写(『栃木』中世三)。

(70)「那須文書」豊臣秀吉朱印状(『那須』補遺一三号)。なお、「毛利文書」関東八州諸城覚書(『群馬県史』三五七四号。同書の解説では、秀吉の小田原攻略のため作成されたとされる)に、烏山城・千本城・大田原城・佐久山城が記されている。

(71)註(1)と同じ。

(72)『武徳編年集成』上巻(名著出版、一九七六年)。

(73)「新編会津風土記」一〇号、芦野某(盛泰)書状写(『栃木』中世四)。

(74)「熱海白川文書」伊達政宗起請文・伊達政宗契状・伊達政宗条書(『白河市史』第五巻古代・中世　資料編2、福島県白河市、一九九一年〈以下『白河』と略す〉所収、一〇〇〇・一〇〇一・一〇〇二号)。

(75)立花京子氏は、天正十三年以前は、ゆるやかな友好関係であった北条・伊達同盟は、天正十三年三月には、ゆるやかな軍事同盟として機能し、天正十四年二月の正式な北条・伊達同盟に発展したとしている(「後北条氏との連携による伊達政宗の南下行動」『地域史学』第四号、一九九五年）。小林清治氏は天正十四年二月に北条氏直と伊達政宗の連合が確定し相互の安全保障に一定の役割と機能を果たしたとしている（「伊達・北条連合の形成とその歴史的意義」『歴史』第八九輯、一九九七年）。

(76)「青山文書」一号、那須資晴書状（『栃木』中世三）。

(77)註(68)と同じ。

(78)「創垂可継所収文書」増田長盛・石田三成連署副状写（『喜連川』一六五号）。

(79)下野那須氏嫡流の子孫である那須隆氏のご教授による。

(80)「小田部庄右衛門氏所蔵文書」一五三号、石田三成書状写（『栃木』中世二）。

(81)「伊達家文書」五号、伊達政宗書状（『栃木』中世三）。

(82)「秋田藩家蔵文書三」六号、石田三成書状写（『栃木』中世三）。

(83)「伊達政宗文書」白河義親宛書状（『政宗文書1』六〇七号）。

(84)「東州雑記」（『喜連川』所収）。

(85)『時の旅　四百年　佐竹氏入部』（秋田魁新報社、二〇〇四年）二一三頁参照。

(86)「貞山公治家記録」巻之十二（『仙台藩史料大成伊達治家記録一』宝文堂、一九七二年）天正十八年一月十九日条。

(87)同天正十八年一月二十五日条。

(88)同天正十八年二月二十五日条。

(89)『伊達政宗記録事蹟考記』（東京大学史料編纂所所蔵）。

(90)「那須文書」伊達政宗条書（『那須』補遺一号）。

(91)『新訂寛政重修諸家譜』第十一(続群書類従完成会、一九八一年)所収「大田原家譜」晴清の項。
(92)『新訂寛政重修諸家譜』第十一(続群書類従完成会、一九八一年)所収「大関家譜」晴増の項。
(93)『新訂寛政重修諸家譜』第十二(続群書類従完成会、一九八一年)所収「福原家譜」資考の項。
(94)『新訂寛政重修諸家譜』第十二(続群書類従完成会、一九八一年)所収「芦野家譜」盛泰の項。
(95)『継志集』(国立公文書館所蔵)は、伊王野氏は、北条氏の降伏後、秀吉が奥州下向の途次に初めて見参したため、重代の所領を召し上げられ、勘忍分の所領を仰せ付けられたと記している。
(96)『那須拾遺記』(木曾武元、一七三三年)巻之四「太閤秀吉公北条攻付八ヶ国の諸大名開退之事」・「高増之伝」(「大関家文書」、『黒羽の戦国武将大関高増』黒羽町教育委員会、二〇〇二年)。
(97)註(90)と同じ。
(98)「伊達政宗文書」羽柴孫四郎宛書状(『政宗文書1』六五〇号)。
(99)「大関家文書」豊臣秀吉直書写(『黒羽の戦国武将大関高増』黒羽町教育委員会、二〇〇二年)。
(100)「佐竹文書」大関土佐守丹治晴増書状(東京大学史料編纂所所蔵、『史料綜覧』巻十二、天正十八年四月二日条)。
(101)「那須文書」豊臣秀吉朱印状(『那須』補遺八号)。
(102)「関家文書」伊達政宗書状写(『古文書』〈静嘉堂文庫所蔵〉所収)。なお、この文書の原本は茨城県日立市入四間の関家が所蔵している。「関氏系図調」(日立市郷土博物館所蔵)に「文禄慶長ノ頃ハ奥州白川城ニ住ス」と記されている。奥州から常陸国に移住した関家は、入四間村(日立市)の村役人を勤めていた(『日立市史』日立市史編さん会、一九五九年、第四章参照)。
(103)「白河證古文書下　三城目村景政寺所蔵文書」白川義親書状写(『白河』一〇一二号)。

(104)「伊達治家記録引證記所収文書」伊達政宗書状写（『白河』一〇一六号）。
(105)原武雄校訂『佐竹家譜』上（東洋書院、一九八九年）所収、佐竹義久書状。
(106)『伊達政宗記録事蹟考記』（東京大学史料編纂所所蔵）。
(107)註(101)と同じ。
(108)「佐竹文書」佐竹義宣・宇都宮国綱参礼次第等注文写（『喜連川』一六八号）。
(109)「伊達政宗文書」河東田上総守宛書状（『政宗文書1』七一五号）。
(110)「伊達政宗文書」河東田上総守宛書状（『政宗文書1』七一六号）。
(111)『那須記』（『栃木』中世五所収）巻之十四「資晴烏山開退事附館野使者行事」。
(112)『那須拾遺記』（木曾武元、一七三三年）巻之五「雲巌寺兵火付同寺開基の事」。
(113)『野州東山雲巌禅寺旧記』（国立公文書館所蔵）。
(114)『那須与市太刀之図』（尊経閣文庫所蔵）に「那須与市太刀之儀　一、下野国雲岩（巌カ）寺代々相伝リ神社等ヱ之納物ニ御座候（後略）」と記されている。
(115)那須氏の先祖から那須与一に数隻の矢が伝えられたとの伝承がある。その中には、元暦二年那須与一が扇の的を射る際に使用した鏑矢と同形のものが含まれている。東京大学史料編纂所所蔵の「那須与市資隆所納金僕姑鳴鏑図」は、まさしくこの矢の絵図である。数隻の矢は現在、栃木県那須町の那須温泉神社の宝物となっている。数隻の矢の写真については拙著『天の弓那須与一』（叢文社、一九九三年）をご参照願いたい。なお、米国のメトロポリタン美術館に西洋式の音の出る矢が所属されている。二木謙一先生に写真を頂き、ご教授を受けた。
(116)『那須拾遺記』（木曾武元、一七三三年）巻之五「秀吉公那須野迄出陣の事付那須藤翁丸出世の事」。

【付論】

その後の那須氏

はじめに

鎌倉以来の旧族で近世大名として生き残った例は稀有である。九州の島津氏・宗氏、奥州の伊達氏などである。戦国大名のほとんどは近世大名として生き残ることなく滅亡している。下野でも、小山氏・宇都宮氏は近世大名として生き残ることができなかった。那須氏は、鎌倉以来の伝統を有し近世大名として生き残ることに成功している。だが、那須氏が近世大名として生き残るためには紆余曲折があった。那須七騎は関ヶ原の合戦では徳川方に与し上杉景勝の南下を阻止すべく奥州への最前戦、那須の地を守り抜いている。那須七騎のうち那須氏・大関氏・大田原氏は近世大名となった。福原氏・芦野氏は交代寄合の旗本に、千本氏・伊王野氏は旗本となった。

那須氏は那須の地が奥州への境目として軍事上の要衝の地であったことを最大限に活用し、近世大名として生き残ることに成功する。

織豊～江戸期の那須氏は三度の断絶と三度の復活を経験している。[1] 鎌倉時代以来の長きに亙って家名の存続に成功している。『那須拾遺記』に「那須の家に七度の盛衰あり」とある。[2]

近世の那須氏に関する研究は多くない。管見のかぎり、近世大名那須氏そのものをテーマとする論文は皆無といってよい。

そのような状況のなかで、那須氏の当該期の家名存続の要因を考察することが、本論の目的である。

一　資晴の改易と那須氏の再興

豊臣秀吉の小田原征討により天正十八年（一五九〇）七月、小田原北条氏は滅びた。秀吉の出陣要請に従わなかった那須資晴は、所領を没収され烏山城を開退し佐良土城（栃木県大田原市佐良土）に蟄居を余儀なくされたという。しかし、那須氏は復活するのである。それを示すのが『那須譜見聞録』[3]にある。

〔史料1〕

那須修理大夫ハ御目見も不申上候故、所領被召上御改易より那須家滅亡すべきの所、秀吉公大田原の城に御着之砌、両夜御止宿之間、修理大夫子息藤王丸三才になりたるを、（大田原）備前守御目見奉願、早馬を以申遣、備前守召懐御前へ罷出、是ハ那須太郎藤王丸と申候、親にて候修理大夫ハ病気故、御目見不申上候段申上候えば、御目見相済、被聞召分大田原に被下と思召、藤王丸堪忍分之領地被置下たり、左京大夫資景是なり、偏大田原の恩を以、那須相継候事、末代迄も晴清の高恩彼子孫那須代々不可忘者也、其後、修理大夫資晴伏見え罷登、備前守取次ニ而秀吉え御目見致さるよし、

翌八月には御家再興が決まり、天正十八年十月二十二日付けで秀吉から五〇〇〇石を拝領した[4]。那須地方は奥州との境目にあり古来戦略上の要衝の地であった。秀吉もこの地を重視した。鎌倉以来那須地方の領主であっ那須氏の影響力に期待してのことであろう。秀吉の思惑は早くも実現されることとなった。十月に奥州の大崎領や葛西領で一揆

が起こり、これを機に奥羽の全域に波及する勢いを見せた。那須地方は一揆対策の再前線基地として位置づけられた。那須氏は十一月下旬に、秀吉の意を受けた、徳川家康の命により結城秀康に従い多賀谷氏・宇都宮氏などと共に一揆を鎮圧するため奥州に進発したという。(5) そして、那須氏は、翌天正十九年五月十六日付けで五〇〇〇石加増されている。(6) 朱印状の宛名は資景であるが、資晴が上京し秀吉に御目見した時、資晴に「五千石被レ下と申され」たものであったという。(7) 資晴と資景は五〇〇〇石ずつ分けて所領支配した。

文禄元年(一五九二)秀吉は征明を目的とし、朝鮮に服属と明への先導を要求して拒否され、加藤清正・小西行長を先鋒に諸大名を朝鮮に派遣した。緒戦は勝利を得て明・朝鮮国境まで進出したが、明軍の朝鮮救援、李舜臣の朝鮮水軍による補給路の封鎖、朝鮮民衆の蜂起という状況に直面し、文禄二年日本と朝鮮の宗主国、明との間で講和交渉が始められることになった。この時秀吉は、対明講和交渉の一任を取り付けるため、名護屋城近在に在陣していた諸大名に連署誓紙(8)を提出させた。そこで資晴も連署している。「名護屋古城記」(9)に「弐千キ　那須太郎　小松」とある。資晴は文禄の役に出陣していたことが知られる。

関ヶ原の合戦での那須氏の動向をみてみたい。

「奥平美作守書上」(10)に「黒羽根城番手として、岡部内膳正、本丸に居ル。服部石見守、伊賀者二百人召連、二ノ丸を守る。城主大関信濃守ハ三ノ丸ニ居ル。那須・芦野・伊王野・千本等相加ル」とある。『継志集』(11)に「下野国那須七将ハ、奥州白川口、押被仰付間、領内城々に楯籠相守候、大田原備前守晴清ハ大田原城に楯籠申候。此所大事の地故、御加勢、皆川山城守・服部半蔵幷同国那須左京大夫資景〔修理大夫資晴カ長男〕・伊王野亦次郎資友〔下総守次男也(後略)〕・福原安芸守・大田原出雲守〔備前守晴清カ弟也〕・岡本宮内など被　仰付籠城仕ル。其上大鉄砲、玉薬御預ケ被仰付候」と記されている。また、上杉方の記録によれば、直江兼続勢が作山(大田原市佐久山)まで出馬したという。(12)

徳川家康は、上杉景勝が上洛要求に応じないことを機に会津上杉氏攻めを決意、慶長五年（一六〇〇）六月十六日、家康家臣団や家康寄りの諸大名を引率して大坂城を出陣する。関ヶ原の合戦の始まりである。七月二日には江戸城に入り、七月二十一日には江戸を発ち、同二十四日には下野小山に到着している。小山の地で石田三成の挙兵の報に接するが、同心する諸大名とともに西に向かい、九月十五日には関ヶ原の合戦で石田三成以下の西軍を破り、天下を手中にした。伊達政宗・結城秀康及び関東・奥羽の諸将が会津上杉氏の攻撃に備えた。

〔史料2〕(13)

大久保相模守（忠隣）所迄来書披見候、天下平均ニ被仰付、大坂へ内府（徳川家康）御移候間、可心安候、将又境目無異儀候由、得其意候、尚期来信候、謹言、

（慶長五年）十月十二日　　秀忠（徳川）（花押）

那須与一（資景）殿

伊王野下総守（資信）殿

この時、資景は上杉景勝勢の南下に備えて、大田原城を守備しており、伊王野資信は伊王野城（那須郡那須町）を守備していた。秀忠は、家康の大坂入城（九月二十七日）を伝え、「境目無異儀候由」承知した旨述べている。

『那須記』巻十五「五　那須諸将資景随二下知一可三致二合戦一評定事」の記述によると、那須資晴は、徳川秀忠がいた宇都宮城で秀忠配下の榊原康政と対面し、上杉景勝が味方になるよう求めた廻文を披見し、徳川方に同心する旨伝えたという。史料2からも、那須氏は徳川方として参加していたことが知られる。那須資景は、小山に至り、はじめて家康に拝謁、また白沢（栃木県宇都宮市白沢）において秀忠に面接、この時、資景に別心なき証として室及び那須氏の家臣を人質として江戸へ遣わしている。(14)資景はこの年三〇〇石の加増を受けている。(15)慶長七年十二月、関ヶ原の合戦

での対上杉氏戦の功などにより資晴に一〇〇〇石、資景に一〇〇〇石、合二〇〇〇石の加増を受け[16]。時を同じくして資晴は徳川家康の御伽衆となった[17]。

二　福原（那須）藩主那須氏の廃絶と復活

1 居城

栃木県大田原市福原地区には福原城跡が二つある。平城と山城である。平城は本丸と称し字「大田原市大字福原字城の内」にある。古くは北岡城と呼ばれ、のちに専ら福原城と称せられた[18]。山城は「要害の城」と称した。『栃木県の中世城館跡[19]』によると、平城（北岡城・北岡館・福原城）は、北は箒川の崖にのぞみ、東と西は深い小沢で区切られ、南方だけが地続きになり東西約五〇〇メートル、南北三五〇メートルにわたっている。築城者は那須与一宗高（宗隆）の兄四郎久隆とされている。

その後、弟の五郎之隆が那須氏を継ぎ那須氏の拠点となった。山城（要害城・竜臥城）は塩那丘陵の北隅の一部にあたる丘陵上で、北岡館の東南方、城麓の断崖下の箒川を隔てて上蛭田の南方に位置する。再興那須氏の祖資景（資晴の男）が再興し築いた慶長頃の新しい福原城と伝えるが、それは古い福原城（北岡館）の要害であったものを再利用したもので、山城は中世の構築とみられる。一丘頂に塁濠などの構築を認める所を中心にして砦の様相を示し、山林であるので保存度は良いという。いずれも中世以来那須氏が使用したものであるが、資景はこの山城を再利用したようだ。

『那須郡誌[20]』によると「要害城址は、烏山城主那須資晴改易せられ、佐良土に移り住んだだが、子資景に至り、天正十八年秀吉より五千石を賜わり、福原に移ったので、此の時築城したものであろう。或は慶長五年上杉景勝叛した時資景十五歳に達し家康より四千石加増せられ、父資晴の領五千石と合せて、都合一万四千石となったから、此の時築城したものかも知れない。何れにもせよ、那須資景の築いたものに相違ない。但し此の城は名の示すが如く、一朝有事の際立籠って防禦の要害とするものであって、平時は玄性寺附近なる福原陣屋に居住したと云う。此の陣屋より、要害城に至る通路は、山伝いに開かれ、其の道形が現存している」としている。

『栃木県の中世城館跡』によると、福原陣屋（大田原市大字福原）は箒川の南岸段丘頂にあたる福原集落の上の段にあったとし、再興那須氏の資徳が築き（再興那須氏初代の資景ともいう）、明治まであったが、現況は畑地で形跡はほとんど無いとしている。筆者も尋ねたが、痕跡を見つけることはできなかった。

2 領地

那須氏が、秀吉から天正十八年（一五九〇）と天正十九年にそれぞれ五〇〇〇石拝領したことは那須文書に見える。資晴と資景で五〇〇〇石ずつ分けて領有していたが、実質的な那須氏当主は資晴であった。那須氏はその後、慶長五年（一六〇〇）・慶長七年と加増を受け一万四〇〇〇石余を領有、資晴は佐良土に資景は福原に居住した。この時代の所領は「那須藤王丸知行目録」と「那須与一郎知行目録」により知られる。

〔史料3〕那須藤王丸（資景）知行目録[21]

下野国那須内知行方目録

一　千七百九十五石九斗七升　ふく原　上ひる田　するかの寺　かり田　中宿　下ひるた　向宿　大ほり　わた

一　五十九石三斗三升　こたね嶋

一　四百十七石五斗二升　　ゆた川二ヶ所
一　弐百十九石八斗一升　　下のま　たきの沢
一　五百石七斗二升　　やき沢　上のま　わかめ田　大木内
一　百弐石三斗四升　　よめうち　ゆミうち
一　弐百四石四斗五升　　中うち
一　四十七石八斗八升　　ミた内　たかのす
一　百八十七石五斗一升　　下おく沢　上おく沢
一　百卅石一斗四升　　かはた
一　百九十弐石九斗六升　　くらほね
一　百九十八石二升　　ひる畠
一　五百廿九石六斗　　浄法寺　たかの
一　四百弐石四升　　上河井　宮下
　　三ヶ所
　都合五千石
天正十八年十月廿二日　◯（秀吉朱印）
　　那須藤王丸（資景）

〔史料4〕那須与一郎（資景）知行目録(22)
（表紙）
「
天正十九年五月六日

下野国那須庄内与一郎知行帳」

知行方目録

一　六拾五石五斗　　下さくら井
一　百壱石九斗五升　　三本木
一　百弐拾三石二斗三升　　こうのす
一　七拾四石九斗四升　　いちの沢たき
一　弐百弐拾石壱斗五升　　市沢
一　卅九石三斗四升　　なへかけ　くろいそ
一　拾三石五斗　　ぬまのたわ
一　弐百七拾八石五升　　同
一　百八石一斗四升　　弥六こうや
一　九拾壱石弐斗一升　　くつかけ
一　百四拾壱石四斗四升　　大あらま
一　七拾石八斗一升　　東こうや
一　弐拾九石八斗六升　　下あツさき
一　五拾四石壱斗七升　　いわさき　ゆひ　下あつ崎
一　弐百六拾九石七斗二升　　下あな沢　もむら
一　五拾石弐斗　　東　上あな沢

一　百七拾八石壱斗六升　　きわた畑　まき川
一　弐百七拾九石四斗五升　ゆくう
一　四百五拾壱石六斗　　杉山之内
一　三百九拾石壱斗七升　たき村
一　百弐拾三石七升　　同
一　七百九拾弐石九斗　　ゆつかミ
一　七拾九石弐斗五升　　かけはた　こふなと
一　四百五拾五石八斗　　すさき　善正寺
一　弐百四拾五石壱斗九升　さらと　かいたう
一　百七拾九石八升　　山田

合五千石

天正十九年五月六日〇（秀吉朱印）

墨付四枚　但上紙共二　　那須与一郎（資景）とのへ

これらの所領は、すでに荒川善夫氏が指摘されているように、那須氏の旧家臣であった大関氏・大田原氏・福原氏・芦野氏等の所領を連絡するように配置されている(23)。

元和六年（一六二〇）時代の那須藩の領地を知る好個の史料が『那須譜見聞録』に記されている(24)。

福原（那須）藩時代の那須氏領の村

喜多岡村・大神村・上蛭田村・下蛭田村・荊田村・弓内村・中井村・宇田川村・よめうち村・八木沢村・上沼

村・若布田村・大木村・蛭畑村・加畑村・滝沢村・奥沢村・鞍骨村・浄法寺村・佐良土村・滝村・山田村・湯津上村・須佐木村・杉山村・百村・狩野郷村・芳志土村・高根沢村・高橋村・小宅村・小薬村・高瀬村・柏崎村・

　鷹巣村・三堂内村・小種嶋村・鍋掛村

那須資景の後、那須氏当主となったのは資重である。資重は資景の嫡子である。資重が、元和六年に「高野山清浄心院え遣候書面」で領中の村と明記している村々は、当時の那須氏領と考えてよいだろう。この時代の領地は那須氏の先祖の墳墓の地福原を中心としていることがわかる。さらに那須郡以外に芳賀郡や都賀郡にも飛地を領していた。

3　資景・資重の奉公

那須資景・資重の動向をみてみたい。

〔史料5〕(25)

（封紙ウハ書）
「　　　従京都
　　　　　　　　那須与一」
　内宮佐八神主殿

（端裏書）
「文禄五申」　（端裏切封）「――――」

就太地震（ママ）、於神前御祈念之御礼、殊色々預御音信候、万々目出度忝次第候、猶近々可申承候間、令略候、恐々謹言、

（慶長元年）
八月三日　　　　　　那須与一（資景）　○この文書は、花押がない。

内宮

佐八神主殿

資景はこの時京都に滞在していたようで、「就大地震」伊勢内宮御師佐八氏に御祈禱を依頼しており、伊勢神宮と那須氏の親密な関係を知ることができる。

慶長八年、徳川家康が江戸幕府を開く。この年、那須資景は江戸城に登城している[26]。慶長九年、那須資晴従五位下叙任、大膳大夫任官[27]。同年修理大夫任官[28]。慶長十一年、那須資景従五位下叙任、左京大夫任官[29]。慶長十二年、資晴は下野国那須郡法輪寺に寺領五〇石を寄進している[30]。慶長十三年、資晴は将軍徳川秀忠に初見の礼をとり、帷子二を献じている[31]。慶長十四年十二月七日、資晴死去[32]。慶長十五年、資景は父と家臣の采地を合わせ一万四〇〇〇石余となる。

資景は、慶長十九年に、里見安房守忠義が所領を収公されるに際し仰せを受け、大田原備前守晴清・同出雲守増清・芦野民部少輔資泰・千本帯刀資勝等と共に安房国に赴き館山城を守衛している[33]。同年、大坂冬の陣では、『継志集』に「尤那須七騎出軍御先を供奉仕候、於大坂平野口を那須七騎に被仰付候、御左右次第に御先を可仕旨上意にて平野に在陣仕候」とあり、本多佐渡守正信に属して、現大阪市天王寺区真田山公園東側付近に在陣したことが知られる[34]。

元和元年、大坂夏の陣では「那須系図」によれば本多正信の組に列して、河内国須那に出陣（大阪府四條畷市砂）、落人の首七五級を討ち取ったという[35]。そして、豊臣氏滅亡。元和二年四月に死去した徳川家康を久能山から日光山に改葬するための工事が、同年十月二十六日から始められた。藤堂高虎と本多正純が奉行となり、奥平忠昌・小笠原政信・松平康長・水野勝隆・浅野長重・那須資重・大関高増・大田原晴清・千本大和・福原淡路・伊王野豊後・芦野民部・岡本宮内・千本帯刀等が助役した[36]。

元和六年、那須資重は、藤原資重の名で文書を発給している(37)。元和七年十一月、翌八年の家康七回忌法会に備えて、奥院・廟塔などが造営され、日光附近で知行を拝領している衆が助役を命ぜられている(38)。

那須氏は元和八年、出羽山形城主最上義俊改易直後の山形城に在番している(39)。奥州の伊達政宗も家臣の派遣をもって動員されている。同家で作成したと見られる覚に、「一、山形之城、本多上野介殿、永井右近大夫殿、那須衆一宇、方々門番也」とある(40)。

〔史料6〕(41)

猶以、老母所へも三種給候、寄思召御心付共忝由被申候、将亦為御最花金子壱両令進上候、已上、

親左京大夫（那須資景）所へ之芳書令披見候、可及御報候へ共、沓々相煩被申候而、于今平臥之体候而、無其儀候、殊被抽御精誠、御祈禱之巻数幷五種贈給候、遠路御心付之所、紙上ニ難申盡由、被申事候、随而我等方へも別而三種給候、御懇志之儀、誠祝着ニ存候、猶期後音之節候、恐々謹言、

那須与一

（元和末年頃カ）十二月六日　資重（花押）

清浄心院

御返報

那須資重の書状は非常に珍しく、管見によれば、他に、元和六年十二月五日付け清浄心院宛の書状が確認できるのみである。資重は遠路、高野山清浄心院から「御祈禱之巻数幷五種」を贈られたが、親の資景が体調を崩しており、返事を書けないので、父に代わり礼状を認めたのである。高野山と那須氏の密接な関係を知ることができる。この書状は、資重が那須氏の封を継いだ寛永元年（一六二四）をそれほど遡らない時期のものと考えられる。

資景は、元和九年の秋、徳川家光上洛の時に供奉している(42)。

寛永元年正月朔日、那須資重、従五位下叙任、美濃守任官時に十六歳(43)。この年封を継ぐ。寛永三年、将軍家光の上洛に際し那須資重と大田原晴清は、この時の参内に諸大夫の列に加わり供奉している(44)。寛永五年十一月、資重は奥平美作守忠昌・大関右衛門高増・土方彦三郎雄次等と江戸城の西城石垣を築き、外溝を浚利する石垣構造課役を勤めている(45)。

寛永八年六月、佐藤勘右衛門継成・長崎半左衛門元通が、日光造営の奉行を命じられた。小林彦五郎重定はこれに加えられ、資重はその助役を勤めている(46)。寛永九年、徳川秀忠が死去し、資重は秀忠の御遺金を賜っている。『徳川実紀』に「岩城左兵衛宣隆、大関土佐守高増、土方彦三郎雄次、大田原左兵衛政清、那須美濃守資重等銀三枚づつ」とある(47)。

寛永十一年二月、『徳川実紀』に「那須美濃守資重、大田原左兵衛政清、この外那須の輩、御上洛のとき江戸城の留守を仰付られ」とある(48)。寛永十三年四月、日光東照大権現御社遷宮に際し資重は奥平美作守忠昌・秋元但馬守泰朝等とともに日光山中の警衛を勤めている(49)。

寛永十三年、資重は朝鮮通信使を日光に護衛している。『朝鮮往来』に「三使日光参詣ノ望アルニ依テ同(十二月)十四日南光坊江戸ヲ立テ登山ス、同十七日三使江戸ヲ発足シテ日光ニ赴ク時、那須美濃守・真田隼人警護シテ行」とある(50)。寛永十五年、増上寺で行われた台徳院の第七回御忌に際し、資重は寺中の警衛を勤めている(51)。寛永十六年八月二十五日付けの、那須美濃守・大田原左衛門尉・福原淡路守・芦野民部・岡本宮内少輔・大関土佐守連名の、各領内における鶉の狩猟を禁ずる「覚」が残されている(52)。将軍を那須野が原に招き、鷹狩を計画していたものと思われる。

寛永十七年、将軍家光の日光社参が計画され、同年一月二十六日今市御旅館修理の助役を那須美濃守資重・大田原左衛門政清・千本帯刀長勝・福原淡路資盛・大田原出雲政継・岡本宮内義保・芦野民部資泰に仰せ遣わされ、おのおの準備のために就封のいとまを給わっている(53)。寛永十八年三月三日、奥平美作守忠昌並びに那須美濃守資重・大田原左兵衛政清・芦野民部少輔資泰・福原淡路資盛、日光山廟堂の改造の助役を命ぜられしを謝し奉る。那須の輩みな暇給わり呉服を拝領している(54)。

寛永十九年四月十六日、「着御之刻於㆓御城御門之外㆒井伊靫負・内藤豊前、公家衆御馳走之衆並那須衆並居一同に御目見」、徳川家光の日光社参時の「山中警火」などの勤番の賞として翌日に、那須美濃守資重は、銀五〇枚、時服四、羽織を、大田原左兵衛政清は、銀五〇枚、時服三、羽織を、芦野民部少輔・福原淡路守資盛・大田原出雲守政継・岡本内蔵助義政は、銀三〇枚、時服三、羽織を、千本帯刀長勝は、銀三〇枚、時服二、羽織を、岡本伊豆某・福原内記資敏は、時服二、羽織をそれぞれ給わっている(55)。

寛永十九年御譜代之面々の大名に参勤交代が制度化され、「松平右京大夫・松平下総守・松平美作守・井伊兵部少・丹羽式部少・松平庄右衛門・那須美濃守、右七人は在所有之直に来年六月可参勤之旨也」とあり、資重が国元にあり、直ちに明年六月参観すべしと命じられたことが確認できる(56)。資重の室は土方掃部頭雄重の女、卒するにより継室は大関弥平次政増の女である。この女性は徳川家康の孫であるという。

黒羽藩主大関増業が編集し文政二年(一八一九)に完成した『創垂可継』「丹治比系図伝(57)」に、

政増ノ室ハ水野出雲守重仲ノ養女也。実ハ東照神君の御娘、（シヤム君ト云。）抑其由来ヲ尋レハ、神君ノ御伯母矢矧御方ニ懐胎ノ婦人アリ、（矢矧ノ御方妊ノ由。）水野重仲ノ妻ニ下サル。女子出産、シヤム姫ト云。矢矧ノ御方へ引取被置成長ノ後、重仲ノ養女ニ被仰付当家へ嫁ス。其時御持参ノ由銀ノ銚子・（葵ノ御紋付ナリ。）葵御紋付屏風一双。（半双ハタツタン狩ノ図、片方ハ打毬ノ図ナリ。御紋ハ金具ニアリ。）同紋付短刀一腰・（銘ハ国光ナリ。）葵御紋焼付ノ茶碗。（此品ハ後日台徳院殿別荘へ御光坐ノ時拝領ス。御鷹狩ノ時ナリ。）其後懐胎ノ時聖護院御門跡日光へ下向ノ刻、神君ヨリ御頼ニヨツテ黒羽へ御出アリ。修験津田光明院新殿ヲ建立シテ七ヶ日ノ御禱アリ。女子誕生ス。後那須美濃守資重ノ妻トナル。其時御紋付ノ産衣ヲ拝領ス。

と記されている。

慶安元年（一六四八）、将軍家光の日光社参に備え、常行・法華両堂の御普請始まる。再建奉行は保田甚兵衛尉宗雲・渡辺与右衛門尉氏正、再飾の「監営那須ノ領主不残勤之」(58)。同年、高雲院（那須資重妻）死去(59)。

慶安二年、日光山三仏堂構造の助役を勤めた那須左京大夫資景・大関土佐守高増・福原淡路守資盛・芦野左近資俊・大田原出雲政継の家士等が、銀・時服を頂戴している(60)。

これらを整理すると、那須氏の奉公の特徴として日光に関するものが多いことが上げられる。もともと那須氏の領地は下野にあり、距離的にも日光と近いこともあったと思われる。しかしながら日光と那須氏の関係はその歴史が古く、江戸幕府はそれらを承知の上で役割を課していたものと思われる。那須氏と日光の密接な関係は『日光山列祖伝』からも窺うことができる(61)。

4　那須氏の家臣

慶長期頃の資景と大屋形様（資晴）の家臣名(62)

那須名字の人　那須右衛門太輔（八郎）・那須権衛門尉・那須弥一（資景舎弟）・沼井摂津守（奏者）・大関紀伊守・興野資長門守・秋本雅楽助・板橋平右衛門尉・富岡河内守・高瀬太蔵・大田原肥前守（大田原弥二郎）・板橋弥六・小滝藤右衛門尉・大久保正右衛門・池沢左近・沼井勘右衛門・金枝源兵衛・一支斎・金枝宮内・松野大膳亮・松野上総守・木口勘解由左衛門尉・浄法寺中務少輔

福原藩資景時代の那須氏の上級家臣を知る好個の史料が『那須譜見聞録』に記されている。慶長十四年に死去した那須資晴の葬儀の役割を記した「資晴公御葬送」で、末尾に「此外平侍雖数多有之相除」と記されている。(63) この史料には那須七騎の大関氏・大田原氏・福原氏・千本氏・伊王野氏・岡本氏の名も記されている。ただ、那須氏の重要な親類である芦野氏の名が見えない。芦野氏は資晴の母の実家であり葬儀に参列していないことは考えられないため、この葬列の時には留守居役をつとめていたものであろう。

那須氏と一門の関係は次のとおりである。

那須名字の者

　那須弥六

那須氏一門

池沢権六・滝田右馬之助・滝田市左衛門・滝田忠兵衛・興野長門・稲沢上野・金丸弥平治・金丸治左衛門・金丸三十郎・熊田弥惣・川井玄蕃・上川井庄左衛門・浄法寺久太郎・羽田遠江・金枝兵太夫・金枝宮内太夫・佐久山又八・大久保左衛門・大久保民部

那須氏家臣

高瀬八蔵・高瀬惣十郎・太田藤右衛門・森市兵衛・町井長兵衛・豊田茂兵衛・大嶋清吉・岡七左衛門・秋元重次郎・秋元勘三郎・田辺半右衛門・佐良土四郎兵衛

5　那須氏の御家騒動

栃木県那須郡小川町（現那珂川町）の旧家青柳源臣家に『駒摋按寄草《こまさらいかきよせぐさ》』という史料が伝えられている。『那須家の研究』に「駒掫按寄草抄」として那須氏に関係する部分が紹介されている(64)。それによれば、『駒掫按寄草』は「万治年中、七郎左衛門良基聞書覚書いたし置候」史料であるという。同書の那須資重に関する部分を見てみたい。

〔史料7〕

一、那須美濃守資重、此資重御代、佐藤作右衛門、大野平右衛門という両家老アリ。大野ハ福原ニ住ス。佐藤は浄法寺ニ住シテ渡リニ勤、必両雄ハ争習アリ。佐藤作右衛門大野ヲ恨事アリテ、或ル時資重公ヲ浄法寺ノ佐藤宅え請待シテ饗応アリ。此時大野平右衛門も御供ニテ参ケル。兼而謀リ、配膳之節大野えハ沈毒ヲ喰スル手都合ニいたし置ケル所ニ、いかゝ間違ケルか、彼之毒ノ入ケル膳、資重公えすわり、大野ハ難ヲのかれけり。此故ニ資重公福原え被帰後御急死ナリ。

福原藩に、家老同士の主導権争いから藩主が毒殺されるという御家騒動が起きたことが記されていた。『駒掫按寄草』は資重の死から二十年を経ない時期に記録された同時代の史料といえよう。民間に伝わった史料であり、全面的に信頼できないとしても、かえって真実を伝えている面もあろう。寛永十九年七月二十五日、資重は父に先立って死去してしまう(65)。資重はこの時三十四歳で子がなく、鎌倉御家人以来の伝統を持つ旧族大名那須氏の血統はここに途絶え、那須氏の封地は収公された。『廃絶録』寛永二十年の条に「一万七千石《ママ》　下野福原　那須美濃守資重（中略）末期に養子を請ふといへども御ゆるしなく」と、末期に養子を願い出たが認められずとあるが、実際には、その暇もなく資重は急死した可能性が高い。資重の死を伏せての願い出であったものと考えられる。この時の養子候補が誰であったかは不明である。

大野平右衛門は福原城下（大田原市福原）に住んでいた。大野氏は、資晴・資景時代の家臣名を知ることのできる慶長期頃の「下野国檀那之事」及び資景時代の那須氏の上級家臣名を知ることのできる慶長十四年の「資晴公御葬送」

にもその名を確認することができない。管見の限り『那須記』等の那須氏関連の史料にもその名を見ないことから、資重によって取り立てられ近侍した藩主の親衛隊の地位にあった家臣とみられる。史料7に、家老の佐藤作右衛門は「浄法寺ニ住シテ渡リニ勤」とあることから、浄法寺館(66)に居住していたものと思われる。当時の那須氏は地方知行制をとっていたものと考えられる。那須資胤が佐藤作右衛門を永楽一〇貫文の給地で召し抱えたことを興野弥左衛門殿に報じた文書が残されており(67)、佐藤氏は那須資胤時代からの旧臣であったことが知られる。

また、津軽家出身で、養子となり那須氏を継いだ資徳が宝永五年（一七〇八）に書き残した「覚」(68)から、佐藤作右衛門はは前藩主資景の近親者であったと思われる。

〔史料8〕（　）内は筆者が加えた訂正である。

養父方

一　曾祖父　相果候 那須左京大夫資春（景）

一　曾祖母　家女 相果候 佐藤大学娘

一　祖父　相果候 那須美濃守資忠（重）

一　祖母　相果候 大関土佐守女（姉）

一　養父　実者増山弾正少弼弟　相果候 那須遠江守資光（弥）

（後略）

高千石　那須与一　子三十七歳

惣領 那須豊丸　子三歳

次男 福原鉄之進　当歳

養父方の曾祖父を那須左京大夫資景、曾祖母を「家女、佐藤大学娘」とある。資景の夫人は「重興小山系図」によれば、小山政種の女である(69)。佐藤氏の娘とは、資景の後妻であろうか。佐藤作右衛門は資景と密接な関係を築いていたのである。

『那須拾遺記(70)』を見てみたい。

〔史料9〕

未、父資景存生ニて御座有けれハ、美濃守の養子を願ひ奉る砌、普代の家臣衆僉議区々にして、那須家御一族大関家より、家督を立申度由を願かひ上けれハ、御老中松平伊豆守信綱の仰に有之、増山弾正忠正利の弟増山権之助と申を御立て成べきと、仰付られけり、尤資景も此方得心ニ付、家中七十人之内五十人ハ同心にて、増山弾正忠の弟を立、残り廿人ハ大関家より立んと願ひけれ共叶さるに、依之浪人致しけり、此中に角田、成田、稲沢等の歴々有けるが、那須を立退き諸国へ流浪いたしけり、

那須氏は、資景の存命中に養子が決まらないと那須の家名そのものが絶える危機的な状況に陥る。養子を迎えることが喫緊の要事となった。今度は養子の選定をめぐり家臣団を二分する御家騒動に発展することになる。家臣団は血統重視派と御家尊重派に分かれ対立する。『駒探按寄草』によると、血統重視派の「大野方の者共ハ資重、御姉黒羽江御入被成候御子方数多在シケリ。此内ヲ御一人御名跡ニ可仕」と主張し、御家尊重派の「佐藤方之者共ハ、黒羽之義ハ御家来筋之義ニ而、御縁有之候といへど、御家も軽く相成候。依之何分江戸表へ御願申上可蒙御下知ヲ之由(71)」と主張して対立する。

このような状況下、資景は幕府の意向を尊重することで養子問題の解決を図る。作右衛門が「幕府の下知に従う」べく江戸に上った背景には、資景の意思があったと考えられる。幕府老中松平伊豆守信綱の仰付により那須氏の養子

が決定する。那須氏の養子獲得運動は増山正利の弟権之助（のち高春・資弥）が那須氏の養子に決まり実を結ぶのである。

権之助はやがて那須遠江守資弥と称し、那須氏の宿願であった烏山城主への復帰を果たす。

6 その後の経過

⑴増山高春（資弥）、那須氏を継ぐ

増山高春は寛永五年、下野国都賀郡青木利長の二男に生まれた。将軍家綱の生母お楽方の弟である。寛永二十年八月三日、兄正利のもとに在ったとき将軍家光の仰せによって兄と共に名字を増山に改める。正保四年（一六四七）十二月五日、初めて家光に拝謁、この日、兄正利に賜った廩米二〇〇〇俵を給される。のち家綱に附属され御小姓をつとめた。慶安四年八月十六日、従五位下、右衛門大尉を叙任する。[72]承応元年（一六五二）二月十八日、那須資景致仕、増山弾正少弼正利の弟増山資弥、那須氏の養子となる、資弥持参の二〇〇〇石を合わせ七〇〇〇石となる。[73]

⑵大野平右衛門方家臣の退去

那須氏を去った家臣で名前が判明しているのは、次の諸氏である。

大野氏は、資重の近習として取り立てられ出世した、藩主に直属する側近の家臣といえよう。

角田氏は、『那須記』[74]に「資隆忝と下野に下り給へハ、北の方ハ御平産被成ける、御子取上て御覧すれハ、若君にておわしける、角田八郎御うふ湯を奉り、那須の与一宗隆と号しける」とあり、那須与一以来の旧臣である。角田源内は源平の合戦の際、那須与一に付き従った家老といわれている。

成田氏は、小山氏から那須氏に嫁いだ資重の生母に関係する武士と思われる。資重の生母の父は小山政種であるが、

「重興小山系図」政種の項に「母は成田氏長の女」とある。

稲沢氏は那須一族である。那須与一宗高（宗隆）の後嗣、那須資頼の子資家が、那須郡稲沢を領し、稲沢五郎を称したのが始まりといわれている。稲沢氏は那須氏を離れてから黒羽大関氏や喜連川足利氏に仕えた。

大久保氏は那須一族である。『那須郡誌』によれば、那須資村の四男資清は出家したが、その後那須四郎と名を改めた。そして、宇都宮景綱に属して白久の大久保（那須郡那珂川町白久）に城を築いて居住し、大久保源左衛門と名乗ったのが大久保氏の始めであるという。南北朝時代、金丸肥前守資国の子義国がここに住し、大久保掃部介と称したという。また、白久氏がこの地に居住したという伝承もある。現在、城跡のほぼ中央に「白久蔵人義資」と刻まれた江戸時代の墓碑が建っている。

小滝氏は那須一族である。那須備前守資藤の五男資信が那須郡小滝（大田原市小滝）を領し、小滝氏を称したという。小滝氏はこの地に館を築き、子孫代々住したという。

那須氏は増山資弥を養子に入れることと引き替えに、譜代の家臣を失ったといえよう。

(3) 佐藤作右衛門方の勝利

那須家を継いだ資弥は、寛文四年（一六六四）十二月八日新恩五〇〇〇石を賜り、廩米は采地に改められ、下野国那須郡の内において一万二〇〇〇石を領し（那須藩）、福原を居所とした。(75) 翌年三月十三日初めて領地那須に行く暇を賜う。(76) 天和元年（一六八一）二月二十五日下野国那須郡内において八〇〇〇石を加えられ、烏山城を賜う。すべて二万石を領す。(77) 同年四月二十七日烏山城入城。佐藤作右衛門は烏山城下に大きな屋敷を与えられている。(78) 烏山藩那須氏の上級家臣となっていた。

烏山藩那須氏の上級家臣(79)

福原図書・佐藤作右衛門・秋元三郎兵衛・朽木弥一郎左衛門・渡部権右衛門・大塩源三右衛門・板垣外記・佐藤又三郎・阿久津惣兵衛・佐藤弥右衛門・吉利谷平八・堀源右衛門・興野勘兵衛・川井作太夫・金枝三郎左衛門・竹尾吉右衛門・中山喜平次・小林伝左衛門・大塚八郎左衛門

三　烏山藩主那須氏改易と御家再興

1 居城

烏山城は、五城三郭から成る。本丸(俗称二の丸)・古本丸・北城・中城・西城の五城から成る広大な山城である。山頂の高さは、二〇二メートルある。延暦年間坂上田村麻呂が東征の際この山に暫く塁を構えて、この地方の平定に尽したという伝説がある。(80)

かつて筆者は栃木県在住のおり、那須氏関係の古文書を多く見せていただいた。その中に「歴代烏山城主」も含まれる。初代城主を那須与一宗高(宗隆)とするもの(81)と、那須(沢村)資重とするものがある。(82)また、明応年中(一四九二〜一五〇二)資実の子資房が築城したという説もある。築城者は詳らかでない。代々那須氏が城主であった。天正十八年(一五九〇)の那須氏改易の後、翌十九年成田氏が入部した。以後、松下・堀・板倉、と城主が替わり那須氏に至る。(83)堀親昌の城主時代、万治二年(一六五九)に、山麓に三の丸が築かれて以来、代々の城主の居館となる。近世那須氏も三の丸を利用した。(84)

烏山藩主那須遠江守時代の領地(85)

酒主村・滝田村・八ヶ平村・中山村・谷浅見村・大桶村・白久村・高岡村・谷田村・吉田村・小川村・戸田村・

片平村・三輪村・恩田村・薬利村・宮原村・興野村・大沢村・横枕村・大木須村・小木須村・上境村・下境村・小原沢村・向田村・竹内村・野上村・滝村・神長村・月次村・高瀬村・小河原村・熊田村・中井上村・志鳥村・一本木村・船沢村・大沢村・高畑村・刈田村・浄法寺村・上蛭田村・下蛭田村・片府田村・小種島村・福原村・岡村・和久村・大神村・新宿村・須佐木村

この時代の那須氏の領地は、先祖の墳墓の地、福原と烏山城下を結ぶように所領配分がなされており、那須氏にとっては理想的な領地配分であろうと思われる。幕府の那須氏に対する配慮があったものと思われる。那須氏烏山藩領の村々のほとんどが『元禄郷帳』でも確認できる。

2　那須遠江守資弥の奉公

承応元年（一六五二）二月二十五日、遠江守資弥初見の礼をとる(86)。同年十二月二日、お楽方（宝樹院）死去。承応二年三月二十六日、那須資弥、寛永寺にて三月に行われる宝樹院（将軍家綱生母・資弥の姉）の小祥の御法会にあずかるようにと命じられる(87)。同年十一月十三日、宝樹院小祥の法会が東叡山で行われ、資弥や兄の正利等が奏者番を奉じた(88)。

承応三年十一月二十五日、那須遠江守資祇（資弥）、宝樹院大祥の法事にあずかるべしと仰せ付けられる(89)。明暦元年（一六五五）十二月十日、那須遠江守資弥乗輿免許を受ける(90)。明暦二年正月二十五日、那須資景死去(91)。万治元年十一月十三日、那須遠江守資弥、東叡山で行われる宝樹院七回御法会の沙汰を仰せ付けられる(92)。

万治二年十一月二十三日、那須遠江守資祇（資弥）、日光山行殿構造の助役を命じられる(93)。寛文三年（一六六三）二月三日、那須遠江守資弥、日光山法会の被物奉行を命じられる(94)。同年三月二十三日、那須遠江守資弥、日光山供奉の暇を給わる(95)。

寛文四年十月三日、那須遠江守資弥、十二月に行われる宝樹院殿の法会の沙汰をすべしと命じられる[96]。同年十月十六日、宝樹院殿霊牌所安鎮入仏により、毘沙門堂門跡公海導師を仕つられる。日光門主守澄法親王、着座せられる。那須遠江守資弥、警衛を勤める[97]。

寛文五年十月二十四日、常陸下館辺に強盗の数多しとの風聞あり。那須遠江守資弥召し捕えように命じられる[98]。同年十一月十四日、太閤・三門・東叡山・御宮・霊廟参詣に那須遠江守資弥参る[99]。寛文六年九月一日、下館領での強盗を追捕した那須遠江守資弥の家士に時服が褒賜された[100]。寛文八年九月十二日、由良信濃守親繁、日光山御宮代参。那須遠江守資弥は祭礼奉行となり暇を給わる[101]。同年九月二十日、由良播磨守親繁、祭礼奉行那須遠江守資弥、日光山より帰謁する[102]。同年十一月三日、那須遠江守資弥、宝樹院十七周御法会のことにあずかるように命じられる[103]。

寛文九年十一月十五日、那須資弥・松平直矩他一三名の大名はこの日、将軍家綱から「知行の御朱印」を頂戴している[104]。延宝三年（一六七五）九月十二日、上杉伊勢守長之、日光山御宮代参、那須遠江守資弥、祭礼奉行となり暇を給わる[105]。同年九月二十日、上杉伊勢守長之・祭礼奉行遠江守資弥、日光山より帰謁する[106]。

延宝四年十月五日、宝樹院殿二十五回忌の法事が行われることになり、那須遠江守資弥はその勤番を命じられる[107]。

延宝八年五月八日、四代将軍家綱死去。

天和二年（一六八二）四月二十六日、上野において、厳有院大祥法事が行われ、那須遠江守は東坂口で御役を勤める[108]。

貞享二年（一六八五）正月二十一日、将軍綱吉の娘、鶴姫君来月降嫁により那須遠江守資弥、御資装紗綾を奉る[109]。貞享四年六月二十日、泉光院（資弥母）死去[110]。

那須氏は外様大名であるが、資弥は将軍家綱の叔父にあたり、将軍生母宝樹院（資弥の姉）の法会のことにあずかるなど、将軍の親族として譜代大名に準ずる役割を担っていたことも指摘できよう。

3　那須家・津軽家養子縁組の成立と那須氏御家騒動の再燃

那須資弥には男子、正弥があった。正弥の母は平岩氏（普明院）である(111)。しかし実兄の増山正利に跡取りがなく、増山家の断絶を救うため正弥を養子に出していた。今度は資弥に跡取りがいなくなった。那須氏の血統が途絶えたことで、要件さえ満たせば、すなわち幕府の認可さえ得られれば、誰であっても那須氏を継げる可能性が出てきた。そこで、資弥は二つの難題を抱えることになった。

一つは、佐藤作右衛門の問題である。娘を妾に差し出し、生まれた孫を次期藩主にと企んでいた。『駒掫按寄草』によれば「佐藤作右衛門娘を資弥の妾に出し置き、この腹へ御世継をも儲けんことを計り、一生奥方を呼ばず候。妾に御子なし」とある。「那須氏系図」資弥の項に「始、娶水野備後守分（女欠カ）レ長死去後、再娶土井大炊守利勝女、後又離縁也とある」のは、作右衛門の娘の件と関係あるものと思われる(112)。資弥が那須氏の養子に入る際の御家騒動で、資弥を支持した那須家の家老である。

もう一つは、資弥の実子と公言し、次期藩主の座を狙う福原図書資寛である。延宝七年、図書は資弥の実子と申し出る。資弥の後継者がいないことから那須氏は断絶の危機にあったことは確かである。次期藩主の座を巡る思惑から家臣をも巻き込んでの御家騒動が再燃するのである。藩主対家臣の対立の構図が出現する。

二つの問題を一挙に解決するのが養子願だったのである。

〔史料10(113)〕

一、御先代様増山弾正少儀被　召出御加恩段々御取立被遊候所ニ相果候ニ付、聢と御奉公も不申上候処ニ、同姓兵部儀養子ニ被　仰付無相違跡式被下置、難有仕合奉存候、私儀迄被　召出那須之家へ養子ニ被　仰付難有奉存候、御当代様不寄存、烏山城地被　仰付御加増過分ニ拝領仕、悉皆御取立之御厚恩筆紙ニ難尽奉存候、如何様

之御奉公ニても相勤可申と、常々心懸奉存候処ニ、頃日病気ニ罷成、其上及六十ニ御奉公聢と可相勤体ニ無御座、迷惑仕候、依之奉願候、

一、津軽越中守様世倅両人御座候、次男主殿儀当年十三歳ニ罷成候、其身御奉公可相勤体ニ御座候、越中守儀弾正聟ニ被　仰付候処ニ、弾正相果申候ニ付、私ニ申置、私娘分ニ仕、祝言相調申候、主殿儀弾正孫私儀も右之筋目ニ御座候、兵部方ニ世倅両人御座候得共、次男三歳ニ罷成候、養子ニ仕候ても大分之御領内被下置、近年ニ御奉公可相勤ニて無御座候、其上弾正跡式兵部ニ被下置、又候哉私領内兵部世倅レ奉願候へハ、同姓と乍申一切私筋目計ニ罷成候、其上三歳之者養子ニ仕候ては、御用ニも立不申、第一御厚恩ヲ可報様無御座、次ニハ養父那須之家も退転仕儀ニ御座候、私果候ても早速近年ニ御奉公も可相勤様ニ奉存候間、津軽主殿儀養子仕度奉願上候　被仰付被下候は、重畳難有可奉存候、以上、

天和三年亥五月　　那須遠江守

堀田筑前様

堀田正俊は将軍綱吉の側近であり、有力な幕臣であった。

天和三年閏五月一日条に幕府は「願之通」養子縁組を正式認可する。(114) 資弥が養子願を提出するに至る経緯を、貞享五年(一六八八・元禄元)四月日の「幕府への上申書」(115) により見てみたい。

それによれば、図書は延宝七年、二十三歳の時に「遠江守実子之由訴状」を差し出したという。遠江守は「落たね可有之存当り無御座候由ニて」取り上げなかった。

図書の母は片山伯耆という浪人と入魂になり、平野丹波守長政に相談した。河合善兵衛が立ち合い、那須家家臣の岩上八郎兵衛・板垣次太夫が片山伯耆に事情を聞いた。その際にも、資弥は資寛を実子と認めなかった。「幕府への

上申書」に「子細は先年深川法乗院閑居へ罷越候節、其近所ニやもめ女娘を持、遊女か何かの様ニて罷有候、家来林益庵・平井友悦と申牢人医者ニ、近習之者少々召連参候て見物仕罷帰候、曾て言葉をもかけ不申候、其段益庵・友悦自分之不作法を不隠申聞候、尤益庵・友悦義ハ法乗院より遠江守罷帰候跡ニ残りたわふれ申候、廿三年迄近所乍罷有其段不申出、此度申出段、益庵・友悦死去仕候を存候ニ付て、只今申出候」とあり、図書の実父は、資弥ではなく、那須家家臣林益庵・平井友悦と申牢人医者である可能性に言及していることは注目される。図書が、この件を御公儀にも申し出ると述べていることから、幕府に尋ねられても、資弥の実子でないことを証明できる、林益庵・平井友悦は死去しており、外聞も悪いことから平野守長政が資寛を預かることとなった。

天和元年に資弥が烏山を拝領すると、平野守長政は図書を烏山に下向させた。すると「江戸、烏山家中之者一意仕、遠江守ニ一子も無御座候間、何者ニても丹波守殿取持ニ候間、図書事実子ニ相極候様ニと申出内談仕候処、先達て遠江守承、以外立腹仕、何者之子ニ候哉不知者を何とて、御後闇実子と可相極哉、就中我等儀は、御三代迄御取立被下罷有候、其御厚恩失念仕一子無之とて、御後闇義可罷成候哉、家中之者共差越たる義申含段不届千万之由申候て立腹仕、其節目付役仕候者両人牢人申付、家中之者共へは右之段申渡候故、遠江守申所何も尤ニ存、任其意罷有候」と「幕府への上申書」にあり、図書が資弥の実子であるなしに拘わらず、資弥に跡取がないことから、図書を実子と認め、次期藩主にしようという那須家家臣たちと、それを一切認めない藩主資弥が対立することとなったのである。そして、資弥は家臣の意見を退け、資徳の養子願を提出した。

那須氏の養子となった資徳は天和三年六月十二日段階で「那須主殿資徳」と改名している。『徳川実紀』天和三年七月十一日条に「資弥養子与一郎初見し奉る」とある。資徳は綱吉の御目見を得て「与一」と称することになる。平野長政は何かと図書の面倒を見ていたようだ。「那須系図説」(116)に「福原図書、母ハ平野丹波守長政ノ妹也」との記載がある。長政の妹であれば、資弥の妹でもあるので不自然である。長政の養子先、平野家の娘か、もしくは妻の妹であろう。

図書は烏山で藩士に取り立てられ屋敷を与えられた。烏山城下で火事があった際には顕著な働きをして、加増され二〇〇石で仕え、足軽少々を預かる身分となった。「幕府への上申書」に、「其後様子心入不覚悟者ニて候故、無間足軽を取上申候」とあり、また「神文申付差置」かれたという。

図書の「起請文前書」には、次の二か条が記されている。[117] 一条目は「殿様・主殿様御事御為一筋大切奉存、少茂御後暗儀不仕、毛頭表裏別心無御座相勤可申事」。二条目は、「一分之奢ケ間鋪儀仕間鋪候事」。図書は「殿様」資弥と「主殿様」資徳に対して別心なくつとめ、驕奢な振る舞いはしませんと、神仏に誓っている。後顧の憂いをなくすため、資弥・資徳に対する図書(資寛)の起請文が作成されたと見て間違あるまい。

「那須系図説」資徳の項に福原図書について「父存生之内ハ下境村に蟄居ス」とある。この頃、記されたと思われる、佐藤彦兵衛宛福原図書資寛書状[118]が「那須文書」に残されている。那須氏家老佐藤彦兵衛は、佐藤作右衛門の一族と思われる。図書は、これまでの高恩の感謝を述べ、身命をかけて、那須氏のために「朝暮一筋奉レ存候」と決意を述べ、「奢かましき儀」は少しもないと記している。彦兵衛に資弥への取り成しを依頼しているのである。

資弥は貞享四年六月二十五日死去する。[119] しかしながら、「幕府への上申書」によれば、「遠江守及末期候迄何之沙汰も無御座、兵部抔ニも為逢も不仕、死去仕候」状態であったという。

「江戸日記」貞享四年八月二十五日条に「那須遠江守様跡式無相違被　仰付之」とある。

図書は密かに烏山を出て江戸に向かった。『駒挧按寄草』によれば、「福原図書殿一寸二分の弓、若党行田源八、八分の弓、はり弓して江戸へ登り候節は出られ候故追いかけて討ちととめ候者もこれ無く、むざむざ江戸へ登らせ候事不甲斐なきことなりと今に申し伝え候」と那須氏の領民の心情を吐露している。『御当代記』に「図書うへの《上野》、宮様へ訴状を以、右之趣申上候故也」とある。[120] そこで、那須氏の危機管理の甘さが露呈する。那須氏の立場に立てば、このような人物は生涯、身柄を拘束した上で監視下に置くべきであったと思われる。

『津軽編覧日記』に「拙者実子ニ御座候間無役ニ而、三千石永々可給旨被申上候、其段与市様より信政公江御相談被成候処、信政公御意ニハ、与市知行一万弐千石内三千石無役ニ永々くれ候ニハ、後々与市相勤り申間敷候、千石斗ニ候ハヽ、永々無役ニ仕くれ可申段申被遊候、其時図書申候、是悲三千石不被下候ハヽ、公義《ママ》江訴可申上由ニ而」とある。また、柳営婦女伝系にいうとして、貞享四年八月二十六日「民部後改福原図書在所ニ隠置所、在所より来て公義《ママ》江願を上遺跡を継と欲し、父の養子資徳と家督相論に及ふ(中略)有之」と記す。[121]

図書、公儀へ訴状差し出し、貞享四年十月十四日那須氏改易除封。資徳は津軽家御預けとなり、津軽家に閉門の連座処分が下された。[122]

『那須拾遺記』所収「藤原姓那須家之系図」資徳の項に、将軍綱吉公が立服し「遠江守実子有ヲ指置テ養子ヲ仕ル段不届也、仮令父子不和タリト云モ与一家督ノ砌少々分知ヲモ願ヒ出ヘキ所ニ、無調法」と判断したからであると述べられている。[123]

この事件は『武林隠見録』巻六[124]で触れられているが、興味本位に書かれており信用できない。幕府の裁定は公正を欠くものといわざるをいない。図書を資弥の実子とするのは疑わしい。資弥は一貫して、そのことを否定している。「幕府への上申書」は、那須氏側の主張が述べられており、遠江守の側近くで仕えた者が書いたものと思われる。[125] 幕府はこの事件を資弥の不法養子事件と見ている、しかしながら図書による、実子と詐っての御家乗っ取り事件と見るべきであろう。

〔史料11〕[126]

一筆令啓達候、先以
大奥様弥御安全ニ被成御座、於御中屋鋪も、
御二所様幷幸姫様御平安ニ被成御座候旨承知仕、旁乍憚目出度御事ニ奉存候、此御地
殿様倍御機嫌能被成御座奉恐悦候、然者、去朔日ニ者、
羽州様御登　城被遊、
御講談　御拝聞被遊候由、恐悦御同前奉存候、将又昨十二日ニ者、従
太守様御料理被成下、為御馳走御能被仰付致見物、其上品々拝領申、段々被為入御念候御事難有仕合、
兎角不被申達、我等大悦不浅奉存候、右之刻、衛門兵衛・加左衛門・三郎右衛門ニも御料理被成下、
御能も　見物被　仰付、重々難有奉存候、右之御祝儀、又ハ昨十二日之御礼も為可申達、如斯ニ候、
恐惶頓首、

那須与一
(元禄八年)三月十三日　資徳(花押)
津軽将監殿

津軽家は、貞享五年四月十七日、閉門赦免(開門)を申し渡された。[127]「幕府への上申書」が書かれたのと同じ月である。その後も出仕遠慮の状態が続き同年七月二十八日に御目見を得ている。[128]
津軽越中守信政に「御預ケ」の身分であった資徳は、実父信政の帰国に同道し、一度だけ弘前を訪れている。無論、幕府の許可を得ての行動である。弘前での居所は江戸家老津軽将監[129]の屋敷と定められた。弘前滞在中の資徳は『弘前

藩庁日記』（「国日記」）[130]にも頻繁に登場する。

『津軽編覧日記』元禄七年閏五月十二日条に「信政公御着城、那須与市様御国元為御見物御同道ニ而御下向被遊候、此日御着城迄殊之外雨降、御着城後昼より晴、与市様御供岩田衛門兵衛・野呂嘉左衛門・長尾三郎右衛門、外ニ中小性・徒罷下候、尤与市様初而御下向ニ付、屋形様御同道ニ而御郡中御見学被遊候故、御国元賑々敷御座候」とある。「国日記」によれば、同年七月十三日には千年山に出向き花火見物もしている。[131]『津軽編覧日記』同年八月二日条に「屋形様・与市様御同道鯵ヶ沢江御下浜、四日に大間越江御出、六日ニ鯵ヶ沢江御帰、九日ニ木作江御出、十三日ニ御帰城、御機嫌伺ニ諸士上下ニ而登城仕候」とある。同十五日条に「八幡宮御祭礼、例年之通辰巳之御櫓ニ而屋形様・与市様御見物被遊候」とある。同二十日条に「屋形様・与市様御同道百沢江御社参」とある。同年十二月十八日条に「御年忘御祝儀御座候、則日午ノ刻より与市様江御入被遊候」とある。

元禄八年三月十八日条に「巳ノ刻屋形様・与市様御同道江府江」とある。弘前滞在中の「国日記」を通覧すると、資徳は登城・寺社参詣・湯治・相撲見物・能見物・花火見物など、江戸での謹慎生活を忘れたかのように、弘前での生活を堪能していたことが知られる。城から見える岩木山にも感激したであろう。史料10は、資徳が江戸への出立を前にして拝借していた屋敷の主、津軽将監に宛てた礼状である。弘前で歓待を受けた資徳の感謝の気持ちが記されており興味深い。

4　那須氏の再興

長かった資徳の津軽家御預けの日に終止符が打たれる日が訪れる。元禄十三年五月二十日、津軽家屋敷に滞在していた資徳は、午前八時頃、実父・実兄とともに江戸城に登城した。そこで老中阿部正武から、両所御法事が無事済んだことにより、新規に召し出す旨、綱吉の上意を伝えられた。信政達は老中柳沢吉保・若年寄松平輝貞への御礼回りを済ませ午後一時頃屋敷へ戻った[132]。同日条の『徳川実紀』には「(依家光家綱法会赦)両御法会により、前に勘気蒙りたる那須与市資徳(中略)召出され小普請に入らる」とある。

〔史料12[133]〕

一筆致啓上候、暑気之節御座候得共、弥御無事御勤可被成由珍重奉存候、然者、先日も申進候通、今度那須与一被召出候ニ付、越中守別而難有奉存儀ニ御座候、兼而貴様ニ茂御苦労ニ思召被下候処、御悦可被成と、越中守茂被申義ニ御座候、此度以飛札被申入候ニ付、一品進入被申候、曽根権大夫殿・藪田忠左衛門殿・中根庄左衛門殿、右何茂へ以飛札被申入候間、乍御六ケ敷貴様より書状幷一品宛御届被下候様ニと被申義ニ候、右之段為可申上如此御座候、恐惶謹言、

津軽信政は、元禄十三年六月十九日に柳沢吉保家臣に御音物を進呈することを決めた。その内訳は留守居の平野源左衛門へ晒三疋、家老の曽根権大夫に晒五疋、城代の藪田忠左衛門へ縮五反、目付の中根庄左衛門へ晒三疋である。史料12は、信政が御音物を進呈する際に、その使者となった山川角右衛門が平野源左衛門に宛てた書状である。書状によれば、信政は那須与一が召し出されたことを有難く思っており、御苦労をかけたことに感謝し御音物を進呈していたことが知られる。書状は川越にいる曾根らへは平野から届けてほしい旨依頼している。平野は江戸の柳沢屋敷に滞在していたものと考えられる。

資徳の実父、信政は那須氏再興に向け奔走・尽力していた。柳沢吉保に内願し、吉保もそれに対し、理解を示し、協力していた。書状は信政が、那須氏再興を果たすことができたのは吉保の協力、延いては吉保家臣の助力があったと理解していたことを示している。

那須与一資徳に関する津軽信政の柳沢保・松平輝貞への内願運動については、岡崎寛徳『改易と御家再興』に詳しい[134]。

那須氏が再興されて三か月後に福原図書も赦免された。『徳川実紀』に「このたび丹波守長政死にけるにより、図書資寛並に其子も、増山兵部少輔が家にひきとり、家人になし召使うべしと仰出される」と記されている[135]。

元禄十四年十二月一日、資徳は綱吉の初御目見を得る。『徳川実紀』の同日条には「寄合那須与一資徳、丼小普請の輩等参見する者二十二人」とある。資徳は、改易前、天和三年に大名那須氏の養子として初御目見を経験している。旗本として初御目見を得たことは、那須氏の再興を象徴しているといえよう。資徳は御礼として銀馬代を献上している[136]。

数日後、資徳は吉保に内々之御音物を進呈している。同月二十日付けの書状で、吉保家臣中根善兵衛は資徳家臣板垣外記に、吉保がそれを、近日三ノ丸様（綱吉生母桂昌院）に献上するため、随分大事に扱うよう命じたことを伝えている[137]。

同月二十四日、若年寄の御連名之御奉書が届けられ、資徳は翌日の登城を命じられる。二十五日、登城した資徳は御知行千石御拝領を申し渡された[138]。『徳川実紀』の同日条には「寄合那須与一資徳新に千石たまひ」とある。新知は、那須氏墳墓の地でもある旧領の那須郡福原村であった。

『徳川実紀』の同月二十八日条には「寄合那須与一資徳知を謝し奉る」とある。

資徳は元禄十五年正月一日の元旦初登城を皮切りに、幕府儀礼に参加し始める[139]。

〔史料13[140]〕

（端裏）（朱書）
「元禄十五壬午年二月三日於御城午中刻頂戴之知行割御書付写」

高千石　下野国那須郡之内

『柳営日次記』元禄十五年二月三日条に、資徳の、幕府からの知行所御書出拝領の記載がある。(141) 津軽家屋敷内では、「与一様知行所御書出御頂戴」の祝儀が執り行われている。(142)

同年三月における岩田右衛門兵衛が幕府代官下嶋甚左衛門家臣久野半平・新庄太右衛門に宛てた「高反別帳　壱冊・名寄帳　壱冊・鉄砲目録　壱通」引継書覚が現存している。(143)

「江戸日記」同年三月四日条によれば、津軽家は吉保へ進物「羽二重拾疋・干鯛一箱」を渡している。「右者　与一様御知行所之儀、御先祖之御廟所ニ御座候地御拝領ニ付、別而被遣之」と記されている。津軽家は資徳の那須郡福原村の拝領にも吉保の影響力が及んでいたと理解していたのである。

〔史料14〕(144)

一、元禄年中、那須与一資徳公御事、
永慶寺様御取持にて、石千石、交代寄合被召出候、是ハ那須遠江守資弥公養子にて野州烏山城主弐万石、資弥公
実子有之処、養子仕不届ニ被　思召候由にて家断絶、
与一資徳公ハ津軽越中守四万七千石奥州弘前信政公二男ニ而、資弥公又甥也、那須之家に代々伝はり候旗・鎧・太刀、資弥公家断絶
之節、右之品増山兵部少輔政弥公へ相渡候処、是又永慶寺様、政弥公江御内意御座候而、与一殿へ御返し候、与
一殿事、五郎右衛門古主筋ニ而、津軽越中守信政公御願之趣共彼是委く申上候ニ付、古主の儀尤ニ　思召候故、
別而御精に被入、御取持被遊候由、御意被成候、

この史料は柳沢文庫所蔵「永廟御実録」の一節である。柳沢家家老藪田五郎右衛門重守が記した主君吉保の実録である。藪田は「永廟御実録」の中で「其方古主那須遠江守殿」と記しており、那須氏の旧臣であったことが知られる。

信政にとって、吉保への内願運動に柳沢家家老の藪田五郎右衛門は頼りになる存在だった[145]。那須氏が改易となった際に、中世以来の那須氏に伝来した家宝を親類の増山家に預けていた。ところが那須氏が再興されても家宝が返還されないでいた。家宝の返還運動が展開されたが、この返還にも吉保の協力があったことが知られる。元禄十五年八月十日に資徳に「兼而御願之通御屋敷御拝領」が江戸城で言い渡された[146]。弘前では同月二十一日「於江戸去ル頃与市様御屋敷御拝領ニ付、為御祝義登城」が行われている[147]。元禄十五年閏八月九日家宝の返還はなされた。同日の「江戸日記」には家宝返還の「御祝儀」の記録がある。

「柳営日次記」宝永五年（一七〇八）四月五日条に「那須与市事、老中支配被　仰付旨、津軽越中守へ達之」とあり、資徳は幕府から「老中支配」を命じられた。これは交代寄合になることを意味していた。

信政は、資徳の交代寄合昇格を感謝し各方面へ進物を行った。使者の口上は「今度那須与一儀結構被　仰付、難有仕合奉存候、依之為御祝儀目録之通致進上候」であった。贈呈先は柳沢吉保・老中・御側用人松平輝貞らで、なかでも吉保・輝貞への進物の多さが目立つ[148]。

〔史料15[149]〕

一、津軽越中守殿より書状来、越中守願之通那須与一事御老中支配ニ而年始以太刀折紙御礼之義被仰出畏存候由御届、同土佐守殿書状到来、

吉報は近衛家にも伝えられた。津軽家は、その出自の濫觴を近衛家に求めており、近衛家との関係を重要視していた。史料15は「近衛家雑事日記」宝永五年四月十三日条である。資徳が「御老中支配ニ而年始以太刀折紙御礼之義被仰出」を伝える書状が信政と嫡男信寿から近衛家に届けられている。資徳が交代寄合として、年始登城において太刀目録を持参しての御礼がゆるされることになった喜びが伝わってくる内容である。これは「越中守願之通」とあり、

那須氏の家格上昇に信政が奔走し、その結果成就したものと見て間違いあるまい。「近衛家雑事日記」は、年報『市史ひろさき』に翻刻されている。那須氏の処遇に関して柳沢吉保の影響力は特筆されよう。

余談になるが柳沢氏と那須氏は後年、縁組をしている。那須資興の娘久子は越後黒川藩（新潟県胎内市）、最後の藩主柳沢光邦の室となっている。

宝永五年六月十一日、老中秋元喬朝からの「御切紙」[150]によって資徳は嘉祥登城を命じられる。同月十六日、資徳は嘉祥登城を果たすが[151]、それからまもない同月二十五日若くして死去する[152]。待望していた交代寄合としての年始登城は果たせなかった。

「柳営日次記」宝永五年八月二十三日条に「菊之間跡目」の相続が認められた者、「交代寄合　主税介惣領　山崎兵庫・同　与市惣領　那須豊丸」[153]とある。資徳の嫡子はまだ一歳半であったが無事に家督相続が認められている。当日は、「御名代」として豊丸の母方の祖父花房正矩が登城し、幕府から家督相続認可が命じられた。那須氏の交代寄合の家格は子孫に引き継がれた。

「那須家文書」に、那須氏「御重宝」一覧を記した、元禄十六年と推定される、十一月二十一日付けの龍光院宛岩田右衛門兵衛「覚」がある[154]。

享保十二年（一七二七）に、将軍吉宗は那須氏の家宝を上覧している。那須氏伝来の鎧（「一菊」の紋付き）・太刀「成高」（伝那須与一宗高、扇の的の時に佩刀）・源氏の白旗（源頼朝から拝領）が上覧に供せられた。その際の記録が残されている[155]。

むすびに

那須氏の断絶と再興を整理する。

天正十八年（一五九〇）、豊臣秀吉の小田原城攻めで、太郎資晴が秀吉の出陣要請に応じず改易。子の与一資景が再興する。

寛永十九年（一六四二）、与一資重が死去し、子なく除封となる。父の与一資景が存命であったため御家再興する。那須与一資徳と福原図書の家督争いにより貞享四年（一六八七）、那須氏改易。その後、那須与一資徳が那須氏を再興させる。与一は本来下那須氏当主の通し名であった[156]。これは上那須氏当主が太郎と称したのに対抗する意味があったと思われる。那須氏は当主が太郎と称した際に一度断絶、与一と称した際に二度断絶している。それに対し、那須氏を再興させた当主は三度とも与一と称していた。那須氏にとって源平合戦でその名を知られた先祖与一の名は極めて縁起の良い名であるといえるだろう。したがって資徳以後の歴代の当主が与一を襲名したこともうなずける[157]。

註

（1）　針生宗伯編著『那須拾遺記』（中央印刷工業、一九七〇年）二二四頁。

（2）　荒川善夫『戦国期東国の権力構造』（岩田書院、二〇〇二年）第一編第四章「豊臣・徳川初期の那須資晴」。岡崎寛徳「津軽・那須家の養子縁組・相続儀礼」（弘前大学『国史研究』第一一六号、二〇〇四年）、「家督相続・改易・再興と什物の相伝」（『日本歴史』第六七〇号、二〇〇四年）等がある。

（3）『那須譜見聞録』（東京大学史料編纂所所蔵）巻十「那須由緒」。

（4）「那須文書」（『那須文書』栃木県立博物館、一九八八年〈以下『那須』と略す〉補遺九号）。

（5）『武徳編年集成』上巻（名著出版、一九七六年）天正十八年十一月二十三日条。

（6）「那須文書」（『那須』補遺一一号）。

（7）『栃木県史』史料編・中世五（栃木県史編さん委員会、一九七六年〈以下『栃木』中世五と略す〉）所収巻十四「七　資晴烏山開退事附館野使者行事」。

（8）青木一矩等連署誓紙（東京国立博物館所蔵）。また、関連資料として「浅野家文書」六号、豊臣秀吉朱印状（『栃木県史』史料編・中世四、栃木県史編さん委員会、一九七九年〈以下『栃木』中世四と略す〉）・「浅野家文書」七号・豊臣秀吉領知判物（『栃木』中世四）がある。

（9）山口県立文書館『萩藩閥閲録遺漏』所収「名護屋古城記」。また『太閤記』巻十三「朝鮮国御進発之人数帳」（『改定史籍集覧』第六冊通記類）の「肥前国名護屋在陣衆」の項に「二百五十人　那須太郎」の記載がある。

（10）『譜牒余録』二十七（国立公文書館内閣文庫）。

（11）『継志集』（那須町教育委員会、一九九三年）。なお、児玉幸多編『御当家紀年録』（集英社、一九九八年〈以下『紀年録』と略す〉）巻三にも「那須・大関・大田原・福原・岡本・伊王野・千本等其所ニ守護一人被レ残ヲ置之二」と記されている。さらに、『古今武家盛衰記』巻七（国立公文書館内閣文庫所蔵）の中に、景勝の押への人々として那須衆の名がある。

（12）「白河口戦闘配置の図」（『特別展　上杉景勝』米沢市上杉博物館、二〇〇六年）に「直江三万人ニ而陣処、家康公鬼怒川越ヲ聞、那須岳ノ林原ヨリ作山ヘ出ル」と記されている。

（13）「福原文書」徳川秀忠書状（平成二十年特別企画展『交代寄合那須氏・福原氏と大田原』大田原市那須与一伝承館、二一〇〇八年）。

(14)『新訂寛政重修諸家譜』（続群書類従完成会、一九八一年）「那須氏系図」の資景の項。

(15)「角田与五右衛門覚」（『譜牒余録』後篇三十七）。

(16)註(15)と同じ。

(17)『寛永諸家系図伝』及び『新訂寛政重修諸家譜』（続群書類従完成会、一九八〇・一九八一年）「那須氏系図」の資晴の項。

(18)『那須』所収「那須系図3」資景の項に「居城福原」と記されている。

(19)『栃木県の中世城館跡』（栃木県文化振興事業団、一九八三年）一七一頁。

(20)蓮実長『那須郡誌』（一九四八年）二五一頁。

(21)「那須文書」（『那須』補遺一〇号）。写真版により一部を読み改めた。

(22)「那須文書」（『那須』補遺一二号）。写真版により一部を読み改めた。

(23)註(2)荒川善夫『戦国期東国の権力構造』（岩田書院、二〇〇二年）第一編第四章「豊臣・徳川初期の那須資晴」。

(24)『那須譜見聞録』（東京大学史料編纂所所蔵）巻八「高野山清浄心院え遺候書面」。

(25)「佐八文書」三二号、那須資景書状（『栃木県史』史料編・中世二、栃木県史編さん委員会、一九七五年〈以下『栃木』中世二と略す〉）。

(26)「佐八文書」四三号、小瀧保信書状（『栃木』中世二）。

(27)『続武家補任』三十三（国立公文書館内閣文庫所蔵）。

(28)註(27)と同じ。

(29)『続武家補任』三十四(国立公文書館内閣文庫所蔵)。

(30)「下野国那須郡佐良土村法輪寺古文書」(天保十三年「朝野旧聞裒藁」東照宮御事績第五〇〇、福井保編『朝野旧聞裒藁』一三、内閣文庫所蔵史籍叢刊特刊一、汲古書院、一九八三年)。同寺は元和元年十月、資景により二〇石の加増を受け寺領七〇石となった(『那須譜見聞録』巻十六)。また、同寺に付属した光丸山には那須資晴の墓と称する古墓がある(『湯津上村誌』湯津上村誌編さん委員会、一九七九年)。

(31)『徳川実紀』(吉川弘文館、一九三〇~三五年)慶長十三年五月一日条。

(32)『那須』所収「那須系図1」(以下、本文にいう「那須系図」はこの系図をさす)の資晴の項。

(33)『徳川実紀』慶長十九年九月九日条。

(34)『継志集』(那須町教育委員会、一九九三年)二九・三〇頁。『新訂寛政重修諸家譜』(続群書類従完成会、一九八一年)「大田原氏系図」の晴清の項に「この年大坂の御陣に一族とゝもに本多佐渡守正信に属し、河内国平野口を守る」とある。『大日本史料』第十二編之十五、慶長十九年十月二十三日条の「大坂御陣家々御尋記」からも那須衆が本多佐渡守に属していたことが知られる。また、『紀年録』巻四に「御旗本本多佐渡守正信・本多大隅守忠純(中略)那須・由利・芦田・津金之面々也」と記されている。さらに「大坂冬の陣配陣図」(大阪歴史博物館所蔵)には、徳川方主力部隊の中に大田原山城守の名が見える(『二〇一六年NHK大河ドラマ特別展「真田丸」』(NHK、NHKプロモーション、二〇一六年、一四〇頁参照)。

(35)『野史』、『藩翰譜』、『大坂陣首帳』(国立公文書館内閣文庫)、『紀年録』巻四に「河州洲《(ママ)》奈表押那須左京大夫資景・大関弥平次政増・大田原備前守晴清・福原雅楽助資保・岡本宮内義保・伊生《(王)》野又次郎・芦野藤五郎資泰・千本大和義定・大田原出雲増清」と記されている。

(36)『東照宮史』（東照宮社務所、一九二七年）、『日光山輪王寺史』（日光山輪王寺門跡教化部、一九六六年）所収「旧記」元和二年四月十七日条に「那須与市藤原資重」とある。また、『紀年録』巻五に「地形者松平式部大輔忠次・奥平千福丸忠昌、（中略）此外、那須士卒、那須与市資重・大関弥平次政増・大田原備前晴清・芦野藤五郎資泰・福原安芸資保・伊王野又次郎・岡本宮内義保・千本大和義定・大田原出雲増清等各勤二役之一」とある。

(37) 註(24)と同じ。

(38)『本光国師日記』三十一（国立公文書館所蔵）。また、『紀年録』巻五に「今年自レ秋日光奥院　御廟塔御造営、佐藤勘右衛門・長崎半左衛門・小倉忠衛門奉二行之一、手伝者本多上野介正純勤レ之、石垣及材木運送者松平或《（式）》部大輔忠次・奥平美作守忠昌・（中略）那須与市資重・芦野民部資泰・福原内記資盛・伊王野豊後・岡本宮内義保・千本大和義定・大田原出雲増清等各役レ之」と記されている。

(39)『紀年録』巻五に「為二羽州　上使一本多上野介正純・永井右近大夫直勝進発、（中略）那須士卒等赴二彼地一」と記されている。

(40)『大日本古文書　家わけ第三　伊達家文書』二（東京大学、一九〇八年）三四五号文書。

(41)「諸家古書簡類聚」一号、那須資重書状（『栃木県史』史料編・中世四、栃木県史編さん委員会、一九七九年〈以後『栃木』中世四と略す〉）。

(42)『新訂寛政重修諸家譜』（続群書類従完成会、一九八一年）「那須氏系図」の資景の項。また、『紀年録』巻五に「六月、大納言家為二　御上京一江戸　出御（中略）前田大和守利高・細川玄蕃頭興昌・西郷若狭守正員・那須士卒（中略）各奉レ従レ之」。

(43)『続武家補任』四十（国立公文書館内閣文庫所蔵）。

(44)『内閣文庫所蔵史籍叢刊　東武実録』一(汲古書院、一九八一年)三〇九・三一〇頁。また、『紀年録』巻五に「七月、将軍家御上洛、(中略)本多大隅守忠純・本多三弥正貫・大久保新十郎忠季・那須美濃守資重・大田原備前勝清(中略)各供二奉之一」と記されている。

(45)『徳川実紀』寛永五年十一月十八日条。

(46)『姫路酒井家本江戸幕府日記』ゆまに書房、二〇〇三・二〇〇四年、寛永八年六月二十日条(以下『江戸幕府日記』と略す)。

(47)『徳川実紀』寛永九年二月十四日条。

(48)『徳川実紀』寛永十一年二月十六日条。また、『紀年録』巻六に「今年依二御上洛一、江戸御留守幷諸城在番面々、江戸御留守、酒井雅楽頭忠世西丸居住・酒井宮内大輔忠勝・(中略)那須美濃守資重・大田原左兵衛政清、此外那須士卒」と記されている。

(49)『紀年録』巻七に「山中之警衛、奥平美作守忠昌・秋元但馬守泰朝・那須群士勤レ之」と記されている。

(50)『朝鮮往来』(国立公文書館内閣文庫所蔵)。

(51)『紀年録』巻七に「寺中警衛、一番松平式部大輔忠継町口・松平越中守定綱・那須美濃守資重各山門左右・加藤出羽守泰興裏門・丹羽左京亮光重極楽門・溝口金十郎政勝庫裏口」と記されている。

(52)「東那須野室井家文書」(『大田原市史』前編、三二六・三二七頁)。

(53)『江戸幕府日記』寛永十七年正月二十六日条。

(54)『江戸幕府日記』寛永十八年三月三日条。

(55)『江戸幕府日記』寛永十九年四月十六・十七日条。

(56)『江戸幕府日記』寛永十九年五月十四日条。
(57)『黒羽町誌』(黒羽町誌編さん委員会、一九八二年)一一六三頁。
(58)『日光山輪王寺史』所収「旧記」慶安元年四月条。
(59)『日光常行三昧堂大過去帳』(日光市山内輪王寺所蔵)。
(60)『江戸幕府日記』慶安二年八月二十二日条。
(61)「日光山列祖伝」(『栃木』中世四所収)に第十七世座主禅雲大徳伝を載せ「大徳名禅雲、号恵観房、治山六年、那須藤原資満之二男也」と記している。
(62)「下野国檀那之事」(三重県伊勢市神宮文庫所蔵)。
(63)『那須譜見聞録』(東京大学史料編纂所所蔵)巻八「那須資晴公葬送行列書」。
(64)『那須家の研究』(那須家研究シリーズ第九号、栃木県那須郡小川町文化財愛護協会、一九九〇年)所収「駒掫按寄草抄」。
(65)「那須系図」の資重の項。
(66)『栃木県の中世城館跡』(栃木県文化振興事業団、一九八三年、一九六頁)に、「那須郡小川町(那珂川町)大字浄法寺字下町、箒川右(南)岸の段丘上平地にあり、館の北側は直ぐ箒川になる。その規模は残存する土塁内から推して約一ヘクタールを測り、堀外縁までを想定すると、一・五ヘクタール弱となり、大きい居館といえる。那須氏の支家浄法寺氏が築き累代住む所、後大関氏に仕え、文禄・慶長の間廃す」と記されている。佐藤氏がこの後、浄法寺館を再利用したものと考えられる。館の西南二〇〇メートル位に代々那須氏が祈願所とした大日堂がある。
(67)「平沼伊平衛氏所蔵文書」六号、那須資胤書下状(『栃木県史』史料編・中世二、栃木県史編さん委員会、一九七八年)。

また、佐藤作右衛門の名は「興野文書」九号、那須資晴書状(『栃木』中世四)にも見える。これ等の文書に見える佐藤作右衛門は、資重時代の家老佐藤作右衛門の先祖と思われる。

(68)『那須譜見聞録』(東京大学史料編纂所所蔵)巻十五「覚」。

(69)『小山市史』史料編・中世(小山市史編さん委員会、一九八〇年)所収「重興小山系図」。

(70)木曾武元『那須拾遺記』(一七三三年)巻十一「那須家諍論之事」。

(71)資景の女子としては喜連川三代藩主足利尊信の妻が知られているが、資重の姉という女性は、那須氏関係系図・大関氏関係系図ともに記載がなく、系図から抹殺された可能性がある。

(72)『那須家資料』(栃木県立博物館、二〇〇三年)二一二・二一七号。

(73)『徳川実紀』承応元年二月十八日条。

(74)『栃木』中世五所収『那須記』巻一「大桝村大頭龍権現之事」。

(75)『徳川実紀』寛文四年十二月八日条。

(76)『徳川実紀』寛文五年三月十三日条。

(77)『徳川実紀』天和元年二月二十五日条。

(78)『栃木県史』史料編・近世四(栃木県史編さん委員会、一九七五年〈以下『栃木』近世四と略す〉)付録「遠江守様御代烏山城内家中屋舗図」。那須遠江守資弥は天和元年に烏山城を拝領し、貞享四年まで居城とした。この間に記載されたものと思われる。『那須家資料』三四・三五号。

(79)「遠江守様御代烏山城内家中屋舗図」は家臣の氏名とともに、屋敷の広さがおおむね大・中・小に分類して図示されている。そのため屋敷が大きく図示された者達は、上級家臣と判断される。

(80)　小池光郎『烏山町の歴史散歩』（吉成印刷、一九九九年）。
(81)　「烏山城主」那須烏山市滝田、荒井司氏蔵。
(82)　「烏山城主歴代書上」（『栃木』近世四所収）。
(83)　「正保城絵図解題　下野国烏山城絵図」（国立公文書館内閣文庫所蔵）解説文参照。
(84)　那須遠江守時代の江戸屋敷については、寛文九年の『武鑑』に「御やしき　ゆしまてんじんの下」、寛文十二年の『武鑑』に「やしき　神田明神下」とある。『江戸城下変遷絵図集』第十四巻（原書房、一九九三年）に、延宝元年・天和三年・貞享元年の「那須遠江守」屋敷が図示されている。貞享三年三月の『御江戸大絵図』（東京都立中央図書館所蔵）に雉子橋門内（千代田区一ツ橋一・二丁目）の「那須遠江守」屋敷が図示されている。
(85)　「上境佐藤家文書」（『烏山町史』烏山町史編集委員会、一九七八年、一四二頁参照）。
(86)　『徳川実紀』承応元年二月二十五日条。
(87)　『徳川実紀』承応二年三月二十六日条。
(88)　『徳川実紀』承応二年十一月十三日条。
(89)　『徳川実紀』承応三年十一月二十五日条。
(90)　『徳川実紀』明暦元年十二月十日条。
(91)　「那須系図」の資景の項。
(92)　『徳川実紀』万治元年十一月十三日条・『万治年録』第一巻（野上出版、一九八六年）。
(93)　『徳川実紀』万治二年十一月二十三日条。
(94)　『徳川実紀』寛文三年二月三日条。

(95)『徳川実紀』寛文三年三月二十三日条。そして「寛文三卯年四月、日光御成次第」（輝川文彦「寛文三年日光社参史料」笹沼家文書、『下野史学』第四三号、下野史学会、一九七七年）に、那須遠江守・大関主馬・大田原山城守・福原内記・大田原出雲・芦野左近の名が見える。
(96)『徳川実紀』寛文四年十月三日条。
(97)『徳川実紀』寛文四年十月十六日条。
(98)『徳川実紀』寛文五年十月二十四日条。
(99)『徳川実紀』寛文五年十一月十四日条。
(100)『徳川実紀』寛文六年九月一日条。
(101)『徳川実紀』寛文八年九月十二日条。
(102)『徳川実紀』寛文八年九月二十日条。
(103)『徳川実紀』寛文八年十一月三日条。
(104)『柳営日次記』（国立公文書館内閣文庫所蔵）寛文九年十一月十五日条。
(105)『徳川実紀』延宝三年九月十二日条。
(106)『徳川実紀』延宝三年九月二十日条。
(107)『徳川実紀』延宝四年十月五日条。
(108)浪川健治編『近世武士の生活と意識「添田儀左衛門日記」』（岩田書院、二〇〇四年）三〇六頁。
(109)『徳川実紀』貞享二年一月二十一日条。なお、この年の「日次記」（『日光叢書』第一巻、東照宮社務所、一九三一年）九月十七日の条に「会奉行那須遠江守殿拝有之目録持参御拝殿敷居内ニ而拝斗也」の記載がある。

(110)　山上貢『続つがるの夜明け　上巻』(陸奥新報社、一九六九年)三七四頁参照。
(111)　『三百藩藩主人名事典』第三巻(新人物往来社、一九八七年)、増山正弥の項、三三四頁参照。
(112)　資弥の妻は「那須系図」や『新訂寛政重修諸家譜』所収「水野氏系図」によると水野備後守元綱の女、二度目の妻は土井大炊頭利勝の女、三度目の妻は『那須譜見聞録』(東京大学史料編纂所所蔵)巻十五「覚」によると、組頭高木六郎左衛門の女とある。なお、『永録日記』(みちのく叢書第一巻、青森県文化財保護協会編、国書刊行会、一九八三年)四一頁に「津軽土佐守(信義)様御息方覚、大姫那須遠江守妻」の記載があり、興味深い。『本藩明実録・本藩事実集　上巻』(青森県文化財保護協会編、二〇〇二年)一頁にも同様の記載がある。
(113)　「天和三年五月　那須資弥より津軽資徳養子願控」(『栃木』近世四、二一三頁)。
(114)　『弘前藩庁日記』「江戸日記」(弘前市立弘前図書館所蔵〈以下「江戸日記」と略す〉)天和三年閏五月一日条。
(115)　『那須家資料』四二号。
(116)　蓮実長『那須郡誌』(一九四八年)所収「那須系図説」の資豊(福原図書)の項。
(117)　『那須家資料』四四号。
(118)　『那須家資料』四三号。
(119)　「那須系図」の資弥の項。
(120)　戸田茂睡著・塚本学校注『御当代記』(平凡社、一九九八年)。校注者の塚本学氏は、「うへの、宮様」について「寛永寺門跡天真法親王で後西院の子。一件が資寛のここへの愁訴によって発覚したことは、門跡の役割の一面を示す」と述べている。同書一五五頁参照。
(121)　『津軽編覧日記』(弘前市立弘前図書館所蔵)貞享四年十月十四日条。

(122)「江戸日記」貞享四年十月十四日条。
(123)木曾武元『那須拾遺記』(一七三二年)。
(124)『那須家資料』四六号。
(125)岡崎寛徳氏は、平野長政に「丹波守殿」と敬称を付け、那須氏の「遠江守」「与一」には敬称を付けていないことから、那須氏の家臣によるものと考えを示されている。那須氏に伝来した史料であることから首肯できる。岡崎寛徳『改易と御家再興』(同成社、二〇〇七年)六八頁参照。
(126)『那須家資料』二一号。
(127)「江戸日記」貞享五年四月十七日条。
(128)「江戸日記」貞享五年七月二十八日条。
(129)金井圓校注『土芥寇讎記』(新人物往来社、一九八五年)巻第二十五、津軽越中守藤原信政の家老の項を参照。
(130)『弘前藩庁日記』「国日記」(弘前市立弘前図書館所蔵〈以下「国日記」と略す〉)。資徳の弘前滞在については『永録日記』・『平山日記』(みちのく叢書第十七巻、青森県文化財保護協会編、国書刊行会、一九八三年)にも記載がある。
(131)「国日記」元禄七年七月十三日条。
(132)「江戸日記」元禄十三年五月二十日条。
(133)「江戸日記」元禄十三年六月十九日条。
(134)岡崎寛徳『改易と御家再興』(同成社、二〇〇七年)第八章をご参照願いたい。
(135)『徳川実紀』元禄十三年八月二十七日条。
(136)「江戸日記」元禄十四年十二月一日条。

(137)『那須家資料』二七号。

(138)「江戸日記」元禄十四年十二月二十五日条。

(139)「江戸日記」元禄十五年一月一日条。

(140)「那須文書」高千石知行割付写（平成二〇年特別企画展『交代寄合那須氏・福原氏と大田原』大田原市那須与一伝承館、二〇〇八年、所収）。

(141)『柳営日次記』元禄十五年二月三日条。

(142)「江戸日記」元禄十五年二月三日条。

(143)『那須家資料』七八号。

(144)柳沢文庫「永廟御実録」（東京大学史料編纂所写真帳）。

(145)藪田五郎右衛門については「元禄宝永珍話」巻三（『続日本随筆大成』別巻、吉川弘文館、一九八二年所収）二四九頁に、「此者親は那須遠江守に仕へて、知行百石取馬廻り相勤て居たり、五郎右衛門部屋住にて、中小姓を勤めたり、那須家滅亡し浪人し、美濃守へ中小姓奉公に出、段々立身して千八百石に成、家老職に成、一家中の尊敬は不レ及レ申、歴々の大名旗本衆も、五郎右衛門が長屋へ見廻、或は縁を求て音物し、其上家々にても五郎右衛門に縁の有者といえば、立身加増申付、五郎右衛門方への使者には此者を遣し、兎角心易く親しまれん事を願ふ、主人の威勢余光なり」と記されている。

(146)「江戸日記」元禄十五年八月十日条。

(147)『津軽編覧日記』元禄十五年八月二十一日条。なお、那須氏の江戸屋敷については、宝永年中・正徳年中は神田辺之内にあった。すなわち、明暦三年の大火で浅草に移転した誓願寺（神田須田町）の近辺、現在の岩本町二丁目にあった。

『江戸城下変遷絵図集』第五巻（原書房、一九九三年）に「那須与市」屋敷が図示されている。宝永六年の『武鑑』に「紋一菊、屋敷ハ元誓願寺前」とある。また、『文化武鑑』に「本所二ツメ」、『諸御役目録』（嘉永四年刊・版元、出雲寺万次郎）に「本所石原町」とある。『諸向地面取調書（二）』（内閣文庫所蔵史籍叢刊第一五巻、汲古書院、一九八二年）には「本所石原町　千弐拾坪」と「本所二ツ目　九百四坪余」の二か所が記載されている（同書の解題は、本書の底本が安政三年度の「諸屋敷帳」である可能性を指摘している）。『切絵図・現代図で歩く　江戸東京散歩』（人文社、二〇〇四年、第一版第八刷）四八頁の『嘉永新鐫本所絵図』に「那須与市」屋敷が図示されている。

(148)「江戸日記」宝永五年四月十二日条。

(149) 陽明文庫「近衛家雑事日記」（東京大学史料編纂所写真帳）宝永五年四月十三日条。同「基熙公記」（東京大学史料編纂所写真帳）宝永五年閏正月十八日条に「従津軽越中守子孫相共三人那須与一等有使越中守家老盛岡民部トイフ者也、召前給口祝コンフノシ今度関白宣下祝儀也、昇進使種々印物丁寧之事也」の記載があり興味深い。

(150)『那須家資料』一五九号。

(151)「江戸日記」宝永五年六月十六日条。「是者従　屋形様御老中様江御願」とある。

(152)「那須系図」の資徳の項。『那須拾遺記』所収「藤原姓那須家之系譜」資徳の項に「又烏山ヲ給ル筈ノ、御内談有所ニ不幸ニシテ与一早世ス」とある。

(153) 後の与一資隣《すけちか》、母は、花房右近正矩の女、父の資徳は陸奥中村藩相馬昌胤の妹、お蘭と婚約していた（『相馬藩世紀第一』御年譜十一）が、お蘭が夭折したため婚姻は成立しなかったという事情があった。

(154)『那須家資料』二九号。なお、年代については「江戸日記」元禄十六年十二月二日条を参照。

(155)『那須家資料』二一一号。

(156)「那須系図」の資持の項に「与一越前《（後カ）》守」、資実の項に「与一伊予守」、資房の項に「与一修理大夫」、政資の項に「与一壱岐守」とある。

(157) 与一資隣・与一資虎・与一資明（芝山）、室は弘前藩主津軽信明の妹（『本藩明実録・本藩事実集　中巻』〈青森県文化財保護協会編、二〇〇三年〉八七頁、明和六年十一月二十一日の項に「義姫様　那須与一様江右之通御縁組御取究之旨申来、為御祝儀出仕」の記載がある）・与一資礼（秋田藩主佐竹義和の伯父佐竹左近義方十男）・与一資興（宮津藩主松平（本庄）宗秀四男）、室は津軽直記長女、小菅典獄を勤めた。なお、弘前市立弘前図書館に津軽家当主に宛てた資明書状（一八通）・資礼書状（一通）が所蔵されている。

あとがき

国學院大學大学院での指導教官は二木謙一先生、近世史の指導は根岸茂夫先生であった。学恩を感謝する次第である。それから、栃木県在住の折には、旧湯津上村（大田原市）の笠石神社宮司伊藤国男氏、那須氏の菩提寺天性寺（那須烏山市）の住職大山勝道氏、那須氏の菩提寺玄性寺（大田原市）の住職石井和泉氏、旧小川町（那珂川町）教育委員会、那須町、那須一族伊王野氏の菩提寺専称寺の住職渡辺龍瑞先生、栃木県立図書館内にある文書館準備班分室の徳田浩淳先生、栃木県立博物館の千田孝明氏、栃木県立美術館の北口英雄氏、大田原氏市、那須神社宮司津田頼三氏、旧馬頭町（那珂川町）の『那須記』原本の所蔵者である大金重徳氏等、多くの方々の知遇を得ることができ感謝申し上げたい。

笠石神社では、国宝に指定後、拓本が禁止されたそうだが、それ以前にとられ最後の一枚という那須国造碑文の拓本を購入することができた。

昭和六十三年五月十五日、天性寺に於いて、下野那須氏当主の那須隆氏御夫妻、越後那須氏当主の那須正丘氏御夫妻、備中那須氏の関係の方など、全国から主だった那須一族の人々が参集し「那須与一公八百回大遠忌奉修」がとり行われ、筆者も参加した。

玄性寺に那須氏の墓参に訪れた際、先代の住職は線香を用意してくださり、筆者が御参りをして戻るまで正座して待っていてくださった。

旧小川町は那須国の中心地といえる。那須官衙跡、画文帯龍虎四獣鏡が出土した駒形大塚古墳（前方後方墳）、夔鳳鏡が出土した那須八幡塚古墳（前方後方墳）等も著名である。また、那須与一が誕生したといわれる那須神田城跡、那須与一廟所の御霊神社もある。そして、教育委員会内には『那須家の研究』の事務局が置かれおり、史料が蓄積されていた。

渡辺龍瑞先生は、那須国造碑文の古代那須氏と那須与一を生んだ下野那須氏が系譜上繋がるとする「那須一系説（1）」、を提唱したことで著名である。

那須神社で御札を購入しようとすると売り切れであったが宮司の配慮で、神社の神棚に入れてあったお札をいただくことができた。

大金家では蔵の中まで入れていただき『那須記』の原本を見せていただくことができた。『栃木県史』に掲載された以外に、もう一冊の『那須記』があることを知った。

すなわち、那須記原本所収「那須系図」である。そこで、那須与一の項を見ると次のように記されていた。「伏見即成院本尊於二御宝前一終ニ遂二往生素懐ヲ一」この記載は意味深長である。筆者は、那須与一が即成院で解脱したものと理解した。

最後に、古代那須国の金字塔ともいうべき、那須国造碑文（2）を紹介し私見を述べることで、あとがきを終えたい。

①永昌元年己丑四月、②飛鳥浄御原大宮、③那須国造④追大壹⑤那須⑥直⑦韋提、⑧評督⑨被レ賜、⑩歳次康子年正月二壬子日、⑪辰節殄故、⑫意斯麻呂等立レ碑、⑬銘レ偲云レ爾、仰惟⑭殞公⑮広氏尊胤⑯国家棟梁、⑰一世之中重被二貳照一、一命之期連見二再甦一、⑱砕レ骨挑レ髄、豈報二前恩一、⑲是以曾子之家无レ有二嬌子一、仲尼之門无レ有二罵者一、行孝之子不レ改二其語一、銘二夏堯心一、澄レ神照レ乾、六月童子意香助レ坤、作レ徒之大、合レ言喩レ字、⑳故无レ翼長飛、无レ根更固

以下、文脈に則して、重要な字句を見てゆく。

①永昌元年己丑四月

「永昌」は唐時代の則天武后の用いた年号で、中宗の嗣聖六年にあたる。我が国では、大宝元年（七〇一）より以前、七世紀は、大化・白雉・朱鳥の年号が建てられた以外は、年紀は干支を以って表記することを通例とした。この年は年号が建てられておらず、天武天皇没後の西暦六八九年に当たる。中国では年号の制定は主権者の特権であり、年号を使用することは、「正朔を奉ず」といい、主権者に服属することを意味し、周辺国は中国王朝の年号を使用することは、その冊封を受け臣従することを意味するという(3)。この年号からしても、那須国造碑は日本国の文化圏を越えるところに位置していることが知られる。筆者は韓国にも則天武后の年号の使用例があるのではと考え、韓国国立中央博物館の研究員であった趙容重氏に調査を依頼したところ、貴重な御教授をいただいた。同氏によると、統一新羅時代の年号記録は仏教文化財を中心として残っているとのことで、次のような記録があるという。

皇福寺三層石塔に　天授三年（六九二）及び
　　　　　　　　　聖暦三年（七〇〇）
大方広仏華厳経に　天宝三年（七四四）
葛頂寺三層石塔に　天宝十七年（七五八）
石南寺舎利具に　永泰二年（七六六）
安城出土塔誌石に　永泰二年（七六六）
法光寺址石塔に　会昌六年（八四六）
　　　　　　　　太和二年（八二八）

廉巨和尚浮屠に　会昌四年（八四四）
昌林寺石塔に　大中九年（八五五）
防禦山磨崖仏に　貞元十七年（八〇一）
於勿里磨崖薬師仏　太和九年（八三五）
宝林寺石塔に　大順二年（八四八）
海印寺塔誌　乾寧二年（八九五）

残念ながら最初の調査では永昌の年号を発見することはできなかった。ところが二回目の調査で、永昌以前の、唐の則天武后の年号が韓国においても確認されたのである。清州市雲泉洞古廃寺址にある古碑（一種寺蹟碑）の中に垂拱二年（六八六）という銘文があった。永昌元年（六八九）の三年前の年号である。当時の那須国は、唐・新羅（清州市）と同じ文化圏に属していたと言えるのではないだろうか。「永昌」の年号が使用されていることは、中国の王朝が強く意識されており、那須国と大陸との交流があったのではないかとさえ思える。

②飛鳥浄御原大宮

鸕野讃良皇女（持統天皇）のことである。持統天皇が女性であることから天照皇大神が想起される。

③那須国造

寺西貞弘氏は、大化前代から律令法とは無縁の存在として地方に君臨した国造は律令法典の整備によってその法体系の中に位置づけられたとし、この国造を律令国造あるいは新国造と呼ぶことは可能であるとしている。(4) 韋提が国造に任命された時期は碑文からは不明である。しかしながら崇神朝に韋提の先祖古久美が那須国造に任命されたという伝承がある。(5) もとより、他に照合すべき史料がないため史実とするには問題があるであろうが、参考にはなるであろう。那須国造は大化以前から韋提の代まで世襲されてきたと推定される。

④追大壹

山岡俊明・栗田寛が指摘したとおり、(6)「追大壹」は、天武天皇十四年(六八五)に定められた官位四八階の三三番目であり、令制下では正八位上に相当する官位である。

⑤那須

碑文の「那」の旧字体が筆者所蔵の那須国造碑拓本からも確認できる。この文字からは、「羌戈大戦」を経て、黄河上流域から、遠く四川に移住した冉駹を想起させられる。(7)冉駹は、やがて小国とはいえ「那国」(現在の四川省茂県)を建国した。(8)又、冉駹という部族は禹伝説の起源にまでさかのぼるような伝承をも持つという。(9)冉駹については『華陽国志』や『後漢書』「南蛮西南夷列伝」でも触れられている。禹は舜に命じられ洪水を治め、その功によって中国最古の王朝を建てたとされる文化的英雄である。禹の生誕地は、『史記』「夏本紀」の注に引用された前漢末の揚雄『蜀王本紀』によれば、汶山《びんざん》郡広柔《こうじゅう》県(現在の四川省綿陽市にあったと考えられている)であるという。

⑥直

新井白石は『那須国造碑釈解』で天武十三年十月諸氏族姓を改めて八等としたが、国造の直の姓は本姓を改めなかったとしている。(10)那須直の本姓は那須と考えられることからこの説は首肯できる。筆者は、この那須氏を古代那須氏と呼ぶことにする。那須は国の名でもあり、姓氏でもある。地方の国造の姓で直姓は多く見られる。

⑦韋提

新川登亀男氏は『観無量寿経』の主人公韋提希から採ったとみるのが自然であるとし、仏教の影響を指摘している。(11)『観無量寿経』の所説では、この韋提希は、王舎大城の王の夫人である。その太子阿闍世は父をとらえ、また母の韋提希を幽閉した。そこで、韋提希は「西方」の極楽世界への往生を願うことになるが、釈尊は韋提希夫人に阿弥陀仏(無量寿仏)と西方浄土の荘厳さを説いている。「韋提」は『東大寺諷誦文稿』五九行にも見える。[12] 又、武井驥の『那須碑集考』は「韋提」が「法華経序品」や「観経序文」に見えることを指摘している。[13] 韋提は従来、男性と考えられてきた。韋提を女性ととらえる研究は管見によれば皆無である。しかしながら、韋提が女性であったが故に『観無量寿経』王舎大城の王の夫人の名が採用されたと筆者は考えている。韋提を女性とみなければ那須国造碑文は正しく解釈されないと考える。永昌の年号は、則天武后を象徴している。飛鳥浄御原大宮は後の持統天皇である。夫なき後の名が則天武后・持統天皇である。二人は韋提の先駆者であると考えたい。

⑧評督

大宝律令後の郡司にあたる。三舟隆之氏は、「那須国造碑」は評制の孝徳朝全面施行説と段階的成立説に関して重要な問題を提起する史料であるとし、「那須国造碑」は那須建評の顕彰碑と解している。[14] 筆者は、評制の孝徳朝全面施行説に対し、[15] 永昌元年以前、孝徳朝の那須建評は史料に見えないことから、那須国造碑は評制の段階的成立説の証拠の一つと考えている。三舟氏の那須国造碑を那須建評の顕彰碑とする見解は疑問なしとしない。那須国は韋提の代に評制下に組み込まれたと解され、国から評への地位の低下とも理解できるからである。当時の人がこれを歓迎したのか、不名誉と感じたのかが不明だからである。

⑨被レ賜「たまわる」。

⑩歳次康子年

庚子の意である。中宗の嗣聖十七年(七〇〇)にあたる。これについて、松原弘宣氏は「六八九年の永昌年号は知っていたが、七〇〇年の唐の年号である「久視」は知らなかったからである」[16] としている。この場合は、異朝・本朝を離れた時が意識されており、碑文の作者は久視の年号は知っていても、わが国の慣例に従って干支で表記したとも考えられる。

⑪辰節殄　辰節は時の意で時刻が重視されている。殄は没すの意である。

⑫意斯麻呂

韋提の子である。蒲生君平は『那須国造碑考』で、帰化人とする見解を述べている(17)。

⑬偲　偲「しのぶ」。

⑭殞公　没故者の意である。

⑮広氏尊胤

那須国造碑にある「広氏」については現在まで次の説がある。『新撰姓氏録』に「下養公同祖、豊城入彦命四世孫大荒田別命之後也」と見える広来津公を指すとする新井白石の説(18)。高句麗中期の国王、広開土王とする関根顕英氏の説(19)がある。広開土王の子長寿王、日本語読みでナスオウとも読める。「広氏」については研究者が避けて通っていた観があり、解読が最も遅れている項であると言っても過言ではないであろう。

広来津公を広氏の祖とする説であるが、『先代旧事本紀』「国造本紀」は下毛野国造の起こりを、仁徳朝期、「豊城命四世孫、奈良別、初定㆓賜国造㆒」としており、広来津公と奈良別は共に豊城入彦命四世の孫で、同時代(仁徳朝期)の人と考えられる。しかし、那須国造の歴史は更に古く、仁徳朝期を遡る崇神朝期には国造を賜っている可能性があることからこの説は首肯できない。広氏の祖を高句麗第十九代の広開土王とする説は、那須地方に、何ら高句麗に関する考古学的遺物、文献史料も存在しないことから疑問なしとしない。宮田幸親氏は広氏について『新撰姓氏録』に記された広氏は他にも数例あり検討を要すると述べておられる(20)。傾聴に値する。

⑯国家棟梁

国家については、田熊信之氏の「那須国」とする説(21)と、鎌田元一氏の「日本国」とする説(22)が分かれている。鎌田元一氏は棟梁の語の正しい使用法は、脇役として主役を支えることであるという。ここから韋提を「那須国」の主体と考え、韋提が棟梁として支えたのは「那須国」ではなく「日本国」という結論を導きだしている。筆者は鎌田元一氏の説は採用しない。夫を亡くした韋提は脇役として夫・子の「那須国」を支えたのであり、那須国棟梁と考えられる。那須国造碑は韋提を通じて、那須国を顕彰する碑でもあるとも考えられる。

⑰一世之中重被二貳照一、一命之期連見二再甦一

この部分は、韋提が那須国造と那須評督への二回の任命と解するのが一般的である。しかしながら、別の解釈も成り立つ。韋提の古代那須氏との婚姻、夫を亡くした後の那須国造再興である。あるいは両方の意味が込められいるのかもしれない。

⑱砕レ骨挑レ髄、豈報二前恩一

「前恩」とは飛鳥浄御原大宮によって評督に任命されたことを指す説が一般的であるが、東野治之氏は「砕レ骨挑レ髄」が『大般若波羅密多経』などの仏典や、『東大寺諷誦文稿』などにも同様の表現が見えることを指摘し、この恩を親恩であるとする(23)。また新川登亀男氏は、般若波羅密多を供養しうるところが「東行」の「妙香城」(衆香城・揵陀越国ともいう)であるとされることから、この「東行」久しい「妙香城」をもって「那須国」にあてたことは、充分に考えられるとしている(24)。

これまでの部分を「笠石神社縁起(25)」を参照に訳せば、永昌元年己丑四月、飛鳥浄御原大宮、那須国造追大壹那須直韋提に評督を賜わる歳康子に次なる正月二壬子日、辰節《とき》に殄故《もっこ》す。意斯麻呂等碑を立て偲《しのび》銘すと爾《しか》云。仰ぎ惟れば

殞公は広氏尊胤にして国家の棟梁たり。一世の中に重ねて貳照せられ一命の期連《しきり》に再甦《さいそ》を見る。骨を砕き髄を挑るとも豈前恩報ぜんや。」となる。

⑲是以曾子之家无レ有二嬌子一、仲尼之門无レ有二罵者一、行孝之子不レ改二其語一、銘二夏堯心一、澄レ神照レ乾、六月童子意香
　助レ坤、作レ徒之大、合レ言喩レ字

この部分については、江戸時代以来の解釈があるが、難解である。東野治之氏が指摘するように直接的な引用はないものの、関係するものとして『孝子伝』『父母恩重経』『説苑』『律』などの典籍があげられよう。(26)「夏堯」の語は、「堯」の意趣をうけつぎ「舜」の心を汲も夏王朝を建てた「禹」をも象徴していると思われる。

東野治之氏の訳に従えば、「是を以て曾子の家に嬌子有ること無く、仲尼之門に罵る者有ること無し。孝を行うの子は其の語を改めず。夏の堯の心を銘じて、神《こころ》を澄まし乾《ちち》を照らさむ。六月の童子は、意香しくして坤《はは》を助けむ。徒を作《な》すこと之れ大にして、言を合わせ字に喩《あき》らかにす。」となる。

⑳故无レ翼長飛、无レ根更固

長久保赤水は『管子』(27)に、武井驥は『三蔵聖教序』(28)に出典を求めている。「笠石神社縁起」の訳に従えば、「故に翼无くして長く飛び、根无くして更に固る。」となる。

そして、この本が、翼无くして長く飛び、根无くして更に固る、ことを祈念して筆を置く。

註

(1) 渡辺龍瑞「那須氏の出自と勃興の一考察」(『那須家の研究』第三号付録、小川町那須家研究会、一九七〇年)。このことを示すものに『諸系譜』第十五冊、那須直(国立国会図書館所蔵)、室賀寿男編著『古代氏族系譜集成』下巻(古代

氏族研究会、一九八六年）がある。
（2）田熊信之『那須国造韋提碑文釋解』（中国・日本史文研究会、一九七四年初版、一九七六年改版、一九七八年再版。なお、史料の返り点・傍線・番号は筆者による加筆である）。
（3）今泉隆雄「銘文と碑文」（岸俊男編『古代の日本一四　ことばと文字』中央公論社、一九八八年）。
（4）寺西貞弘「奈良時代の国造」（『日本歴史』七五七号、二〇一一年）。
（5）註（1）の『諸系譜』を参照。
（6）山岡俊明『類聚名物考』（『栃木県史』通史編2・古代二、栃木県史編さん委員会、一九八〇年〈以下『栃木』通史2・古代二と略す〉四三頁参照）、栗田寛『国造本紀考』（『栃木』通史2・古代二、四八頁参照）。
（7）工藤元男「周縁から見る中国文明」（鶴間和幸『四大文明［中国］』NHK出版、二〇〇〇年）。
（8）諸橋轍次『大漢和辞典』十一巻の「那」の項に、「国の名。西夷の一。冉駹。四川省茂県」とある。
（9）註（7）に同じ。
（10）新井白石『那須国造碑釈文』（『栃木県史』史料編・古代、栃木県史編さん委員会、一九七四年〈以下『栃木』古代と略す〉）。
（11）新川登亀男「「那須国造碑」と仏教」（『日本歴史』第五三二号、一九九二年）。
（12）中田祝夫『東大寺諷誦文稿の国語学的研究』（風間書房、一九六九年）。
（13）武井驥『那須碑集考』（『栃木』古代）。
（14）三舟隆之「「那須国造碑」と那須評の成立」（『古代東国の考古学』慶友社、二〇〇五年）。
（15）鎌田元一「評の成立と国造」（『律令公民制の研究』塙書房、二〇〇一年）、篠川賢『日本古代国造制の研究』（吉川弘

文館、一九九六年）、森公章「評の成立と評造」（『古代郡司制度の研究』吉川弘文館、二〇〇〇年）、薗田香融「律令国郡制の成立過程―国衙と土豪との政治関係―」（『日本古代財政史の研究』塙書房、一九八一年）。

(16) 松原弘宣「「国造と碑」―那須国造碑と阿波国造碑―」（平川南・沖森卓也・栄原永遠男・山中章編『文字と古代日本1　支配と文字』吉川弘文館、二〇〇四年）。

(17) 蒲生君平『那須国造碑考』（『栃木』古代）。

(18) 註(10)に同じ。

(19) 関根顕英「那須家発生考序説」（『下野の文化財』第七・八号、栃木県文化財保護指導委員会協議会、一九七一年）。

(20) 宮田幸親「那須国造碑文の一解釈」（『下野史学』第二一号、一九六六年）。なお、「広氏」が『新撰姓氏録』に記されている。

広階連、出レ自二魏武皇帝男陳王植一也。

広原忌寸、出レ自二後漢孝献帝男考徳王一也。

(21) 註(2)に同じ。

(22) 鎌田元一「那須国造碑文の「国家」」（『律令公民制の研究』塙書房、二〇〇一年。一九八二年初出）。

(23) 東野治之「那須国造碑」（『日本古代金石文の研究』岩波書店、二〇〇四年）。

(24) 註(11)に同じ。

(25) 伊藤国男『日本最古の碑「笠石神社縁起」』（笠石神社々務所、出版年不詳）。

(26) 東野治之「那須国造碑」（『日本古代金石文の研究』岩波書店、二〇〇四年）、『孝子伝注解』（幼学の会編、汲古書院、二〇〇三年）、牧田諦亮監修『七寺古逸経典研究叢書』五（大東出版社、二〇〇〇年）、岡部和雄「『父母恩重経』解題」

（『七寺古逸経典研究叢書』五）、井上光貞「日本律令の成立とその注釈書」（『日本古代思想史の研究』岩波書店、一九八二年。一九七六年初出）、『新訂増補国史大系 第二十二巻 律』（吉川弘文館、一九三九年第一版。二〇〇〇年新装版）、高木友之助『説苑』（明徳出版社、一九八二年。一九六九年初出）巻十七「雑言」。

(27) 長久保赤水『東奥紀行』『北越七奇』（『栃木』通史2・古代二、五〇頁参照）。『管子』「戒」編に「無翼飛者聲也、無根而固者情也」とある。

(28) 武井驥『那須碑集考』（『栃木』古代）、『大正新脩大蔵経』第五十二巻史伝部四（『広弘明集』巻二十二）に「是以名無翼而長飛、道無根而永固」とある。

著者紹介

那須 義定（なす よしさだ）

1949年新潟県生れ、地方史研究協議会会員。
国学院大学大学院 博士課程後期文学研究科日本史学専攻 単位取得満期退学。
著 書 『天の弓 那須与一』（叢文社、1993年）
『華の弓 那須与一』（叢文社、1998年）
現住所 〒946-0025 新潟県魚沼市古新田23-36

中世の下野《しもつけ》那《な》須《す》氏《し》　　岩田選書⦿地域の中世19

2017年（平成29年）5月 第1刷 600部発行　　**定価［本体3200円＋税］**
著 者 那須 義定

発行所 有限会社岩田書院 代表：岩田 博　　http://www.iwata-shoin.co.jp
〒157-0062 東京都世田谷区南烏山4-25-6-103 電話03-3326-3757 FAX03-3326-6788
組版・印刷・製本：藤原印刷

ISBN978-4-86602-994-8 C3321 ￥3200E

岩田書院 刊行案内（24）

			本体価	刊行年月
917	矢島　妙子	「よさこい系」祭りの都市民俗学	8400	2015.05
918	小林　健彦	越後上杉氏と京都雑掌＜戦国史13＞	8800	2015.05
919	西海　賢二	山村の生活史と民具	4000	2015.06
920	保坂　達雄	古代学の風景	3000	2015.06
921	本田　　昇	全国城郭縄張図集成	24000	2015.07
922	多久古文書	佐賀藩多久領 寺社家由緒書＜史料選書４＞	1200	2015.07
923	西島　太郎	松江藩の基礎的研究＜近世史41＞	8400	2015.07
924	根本　誠二	天平期の僧と仏	3400	2015.07
925	木本　好信	藤原北家・京家官人の考察＜古代史11＞	6200	2015.08
926	有安　美加	アワシマ信仰	3600	2015.08
927	全集刊行会	浅井了意全集：仮名草子編５	18800	2015.09
928	山内　治朋	伊予河野氏＜国衆18＞	4800	2015.09
929	池田　仁子	近世金沢の医療と医家＜近世史42＞	6400	2015.09
930	野本　寛一	牛馬民俗誌＜著作集４＞	14800	2015.09
931	四国地域史	「船」からみた四国＜ブックレットH21＞	1500	2015.09
932	阪本・長谷川	熊野那智御師史料＜史料叢刊９＞	4800	2015.09
933	山崎　一司	「花祭り」の意味するもの	6800	2015.09
934	長谷川ほか	修験道史入門	2800	2015.09
935	加賀藩ﾈｯﾄﾜｰｸ	加賀藩武家社会と学問・情報	9800	2015.10
936	橋本　裕之	儀礼と芸能の民俗誌	8400	2015.10
937	飯澤　文夫	地方史文献年鑑2014	25800	2015.10
938	首藤　善樹	修験道聖護院史要覧	11800	2015.10
939	横山　昭男	明治前期の地域経済と社会＜近代史22＞	7800	2015.10
940	柴辻　俊六	真田幸綱・昌幸・信幸・信繁	2800	2015.10
941	斉藤　　司	田中休愚「民間省要」の基礎的研究＜近世史43＞	11800	2015.10
942	黒田　基樹	北条氏房＜国衆19＞	4600	2015.11
943	鈴木　将典	戦国大名武田氏の領国支配＜戦国史14＞	8000	2015.12
944	加増　啓二	東京北東地域の中世的空間＜地域の中世16＞	3000	2015.12
945	板谷　　徹	近世琉球の王府芸能と唐・大和	9900	2016.01
946	長谷川裕子	戦国期の地域権力と惣国一揆＜中世史28＞	7900	2016.01
947	月井　　剛	戦国期地域権力と起請文＜地域の中世17＞	2200	2016.01
948	菅原　壽清	シャーマニズムとはなにか	11800	2016.02
950	荒武賢一朗	東北からみえる近世・近現代	6000	2016.02
951	佐々木美智子	「産む性」と現代社会	9500	2016.02
952	同編集委員会	幕末佐賀藩の科学技術 上	8500	2016.02
953	同編集委員会	幕末佐賀藩の科学技術 下	8500	2016.02
954	長谷川賢二	修験道組織の形成と地域社会	7000	2016.03
955	木野　主計	近代日本の歴史認識再考	7000	2016.03

岩田書院 刊行案内 (25)

No.	著者	書名	本体価	刊行年月
956	五十川伸矢	東アジア梵鐘生産史の研究	6800	2016.03
957	神崎　直美	幕末大名夫人の知的好奇心	2700	2016.03
958	岩下　哲典	城下町と日本人の心性	7000	2016.03
959	福原·西岡他	一式造り物の民俗行事	6000	2016.04
960	福嶋·後藤他	廣澤寺伝来 小笠原流弓馬故実書＜史料叢刊10＞	14800	2016.04
961	糸賀　茂男	常陸中世武士団の史的考察	7400	2016.05
962	川勝　守生	近世日本石灰史料研究IX	7900	2016.05
963	所　理喜夫	徳川権力と中近世の地域社会	11000	2016.05
964	大豆生田稔	近江商人の酒造経営と北関東の地域社会	5800	2016.05
966	日野西眞定	高野山信仰史の研究＜宗教民俗８＞	9900	2016.06
967	佐藤　久光	四国遍路の社会学	6800	2016.06
968	浜口　尚	先住民生存捕鯨の文化人類学的研究	3000	2016.07
969	裏　直記	農山漁村の生業環境と祭祀習俗・他界観	12800	2016.07
970	時枝　務	山岳宗教遺跡の研究	6400	2016.07
971	橋本　章	戦国武将英雄譚の誕生	2800	2016.07
972	高岡　徹	戦国期越中の攻防＜中世史30＞	8000	2016.08
973	市村・ほか	中世港町論の射程＜港町の原像・下＞	5600	2016.08
974	小川　雄	徳川権力と海上軍事＜戦国史15＞	8000	2016.09
975	福原・植木	山・鉾・屋台行事	3000	2016.09
976	小田　悦代	呪縛・護法・阿尾奢法＜宗教民俗９＞	6000	2016.10
977	清水　邦彦	中世曹洞宗における地蔵信仰の受容	7400	2016.10
978	飯澤　文夫	地方史文献年鑑2015＜郷土史総覧19＞	25800	2016.10
979	関口　功一	東国の古代地域史	6400	2016.10
980	柴　裕之	織田氏一門＜国衆20＞	5000	2016.11
981	松崎　憲三	民俗信仰の位相	6200	2016.11
982	久下　正史	寺社縁起の形成と展開＜御影民俗22＞	8000	2016.12
983	佐藤　博信	中世東国の政治と経済＜中世東国論６＞	7400	2016.12
984	佐藤　博信	中世東国の社会と文化＜中世東国論７＞	7400	2016.12
985	大島　幸雄	平安後期散逸日記の研究＜古代史12＞	6800	2016.12
986	渡辺　尚志	藩地域の村社会と藩政＜松代藩５＞	8400	2017.11
987	小豆畑　毅	陸奥国の中世石川氏＜地域の中世18＞	3200	2017.02
988	高久　舞	芸能伝承論	8000	2017.02
989	斉藤　司	横浜吉田新田と吉田勘兵衛	3200	2017.02
990	吉岡　孝	八王子千人同心における身分越境＜近世史45＞	7200	2017.03
991	鈴木　哲雄	社会科歴史教育論	8900	2017.04
992	丹治　健蔵	近世関東の水運と商品取引 続々	3000	2017.04
993	西海　賢二	旅する民間宗教者	2600	2017.04
994	同編集委員会	近代日本製鉄·電信の起源	7400	2017.04

岩田選書◎地域の中世　②③は品切

①	黒田　基樹	扇谷上杉氏と太田道灌	2800円	2004.07
④	黒田　基樹	戦国の房総と北条氏	3000円	2008.09
⑤	大塚　勲	今川氏と遠江・駿河の中世	2800円	2008.10
⑥	盛本　昌広	中世南関東の港湾都市と流通	3000円	2010.03
⑦	大西　泰正	豊臣期の宇喜多氏と宇喜多秀家	2800円	2010.04
⑧	松本　一夫	下野中世史の世界	2800円	2010.04
⑨	水谷　類	中世の神社と祭り	3000円	2010.08
⑩	江田　郁夫	中世東国の街道と武士団	2800円	2010.11
⑪	菅野　郁雄	戦国期の奥州白川氏	2200円	2011.12
⑫	黒田　基樹	古河公方と北条氏	2400円	2012.04
⑬	丸井　敬司	千葉氏と妙見信仰	3200円	2013.05
⑭	江田　郁夫	戦国大名宇都宮氏と家中	2800円	2014.02
⑮	渡邊　大門	戦国・織豊期赤松氏の権力構造	2900円	2014.10
⑯	加増　啓二	東京北東地域の中世的空間	3000円	2015.12
⑰	月井　剛	戦国期地域権力と起請文	2200円	2016.02
⑱	小豆畑　毅	陸奥国の中世石川氏	3200円	2017.02

中世東国論

①	佐藤　博信	中世東国の政治構造	6900円	2007.06
②	佐藤　博信	中世東国の社会構造	6900円	2007.06
③	荒川・佐藤・松本	中世下野の権力と社会	9500円	2009.05
④	佐藤　博信	中世房総と東国社会	7900円	2012.03
⑤	佐藤　博信	関東足利氏と東国社会	7900円	2012.03
⑥	佐藤　博信	中世東国の政治と経済	7400円	2016.12
⑦	佐藤　博信	中世東国の社会と文化	7400円	2016.12